BARCELONA

Dan Colwell

JPMGUIDES

Inhalt

	Richtung Barcelona	3
	Rückblende	5
	Stadtbummel	13
	Rambles	14
	Ciutat Vella	17
	El Raval	29
	Hafen	33
	Montjuïc	35
	Eixample und Gràcia	41
	Umgebung	49
	Ausflüge	51
	Essen und Trinken	58
	Unterhaltung	66
	Wichtiges in Kürze	72
	Register	79

Karten

Costa Brava	52
Costa Daurada	55

Faltkarte

Barcelona, Stadtzentrum

Metro Barcelona

Richtung Barcelona

Aufregendes Barcelona

Ein erster Bummel über die Rambles (kastilisch: Ramblas) genügt um festzustellen, dass man sich in einer der aufregendsten Metropolen der Welt befindet. Dieser Boulevard, der sich durch die ganze Altstadt zieht, sprüht vor Energie. Der endlose Menschenstrom und das vielfältige Treiben lassen einen an Karneval denken.

Vieles in Barcelona löst Begeisterung aus. Dynamik und Abwechslung spiegeln sich wider in der lebhaften Kaffeehaus-Kultur, in ausgelassenem Nachtleben, in ultramodernen Kunstausstellungen und in einem Urbanismus, der in der Welt führend ist. Das Picasso- und das Mirómuseum gehören zu den attraktivsten Häusern ihrer Art; das Barri Gòtic ist eines der besterhaltenen mittelalterlichen Viertel in ganz Europa. Und schließlich ist die Stadt Heimat der außergewöhnlichen Architektur von Antoni Gaudí, dem führenden Baumeister des *Modernisme*, Barcelonas eigener Version des Jugendstils. Für eine genussvolle Pause bietet sich die große Zahl feiner Restaurants mit ausgezeichneter katalanischer Küche an. Um der urbanen Hektik zu entkommen, hat der Barcelonese verschiedene Möglichkeiten in unmittelbarer Umgebung: Am Strand liegen, Skilaufen oder Wein verkosten auf einem der Güter im hügeligen Umland. Kein Wunder also, dass die Einheimischen so gut gelaunt sind. Beim Flanieren auf den Rambles werden vielleicht auch Sie von der überbordenden Energie mitgerissen, die hier alles antreibt.

Schlaue Katalanen

Die pulsierende Metropole mit ihren 1,5 Mio. Einwohnern war in Spanien lange Zeit berühmt für ihren guten Geschäftssinn und ihren Fleiß. Die Barcelonesen sind stolz auf ihr *seny*, der katalanische Begriff für ein solides, vom gesunden Menschenverstand bestimmtes Leben. Während Jahrhunderten war die Stadt die treibende wirtschaftliche Kraft des Landes; und hier befindet sich einer der wichtigsten Mittelmeerhäfen sowie der Dreh- und Angelpunkt für die Beziehungen zum restlichen Europa. Aber nicht nur deshalb schauen die Barcelonesen lieber nach Paris oder London als nach Madrid. Denn neben ihrer kosmopolitischen Ausrichtung halten die Einheimischen

Richtung Barcelona

Barcelona für die heimliche Hauptstadt. Tatsächlich war sie bis zum Ende des 15. Jh. das Zentrum eines unabhängigen, über ein Mittelmeerreich herrschenden katalanischen Staates mit eigenen Gesetzen und eigener Sprache. Auch wenn das Reich verloren ging, das kollektive *seny* blieb erhalten, und die Stadt entwickelte sich weiter. Zum Glück gerät der katalanische Menschenverstand manchmal auf wunderbare Weise aus den Fugen. Es sind eben diese Momente wilder Extravaganz, die uns so außergewöhnliche Baudenkmäler bescherten wie den märchenhaften Park Güell, die imposante Kirche Sagrada Família oder das neu gestaltete Hafenviertel.

Barcelona von oben

Die Zuneigung der Einheimischen zu ihrem Wohnort ist überall zu sehen. Über Jahrhunderte hinweg haben sie eine Menge Aussichtspunkte geschaffen, um die Geliebte zu bewundern. Versuchen Sie es von der Kolumbussäule aus, die einen schönen Blick über den Hafen bietet. Oder steigen Sie auf die Kathedrale, von wo aus sich die mittelalterliche Welt Barcelonas mit ihren Wasserspeiern, Terrakotta-Dachfirsten und versteckten Innenhöfen erschließt. Das Viertel Eixample besitzt im echten wie übertragenen Sinn einen Höhepunkt: Die Kirche Sagrada Família scheint aus einer anderen Welt zu stammen, und von ihrem Turm bietet sich ein unvergesslicher Blick. Aber auch Mutter Natur hat ihren Beitrag geleistet mit ein paar Hügeln rund um die Stadt. Auf dem Tibidabo liegt dem Betrachter ganz Barcelona zu Füßen.

Rückblende

Frühgeschichte

Der Legende nach wurde Barcelona von Karthagern gegründet, die Kolonien entlang der spanischen Mittelmeerküste besaßen. Dieser Version zufolge geht der Stadtname auf ihren Führer Hamilkar Barka zurück, den Vater Hannibals. Tatsächlich aber waren die ersten Siedler in der Gegend die Laietani, ein keltiberischer Stamm der Bronzezeit, der auf Getreideanbau und Austernfischerei spezialisiert war. Als die Römer im 1. Jh. v. Chr. eintrafen, gab es noch keine größeren Ortschaften. Sie machten Tarragona zu ihrem Zentrum, Barcelona fungierte zunächst nur als Militärlager. Belegt ist, dass hier um 15 v. Chr. unter Kaiser Augustus eine Kolonie mit dem Namen Faventia Julia Augusta Pia Barcino existierte.

Die Stadt blieb während zwei Jahrhunderten ein unbedeutender, wenn auch reicher römischer Vorposten, der bekannt war für seinen Wein, sein Olivenöl und eine würzige Sardellensauce, die ins ganze Römische Reich exportiert wurde. Schon im 2. Jh. n. Chr. gab es hier eine jüdische Gemeinde, und um das Jahr 300 wurde die christliche Märtyrerin Santa Eulàlia zur Schutzpatronin von Barcelona. Aber das ruhige Leben der Mittelmeerkolonie war bedroht. Dem Reich standen die Völkerwanderungen bevor, und die Stadtmauern mussten im 4. Jh. mit großen Steinblöcken verstärkt werden.

Westgoten, Mauren und Franken

Ab 409 fielen nacheinander Wandalen, Alanen und Sweben über die Pyrenäen kommend in Iberien ein. Jeder Eindringling plünderte Barcelona und zog dann weiter nach Süden. Die Westgoten unter König Ataulf ließen sich 415 in der Stadt nieder und machten sie zum Zentrum ihres Reiches, was den Einheimischen etwas Ruhe verschaffte. Die westgotische Besatzung dauerte drei Jahrhunderte und dehnte sich schließlich auf fast ganz Spanien aus. Die neuen Machthaber verbesserten die Rechtsprechung, verschönerten die Kirchen und erwiesen sich insgesamt als wenig barbarisch. Unter einem der Könige entwickelte sich eine Anzahl von Baronien, doch im 8. Jh. zerfiel dieses System, weil Monarch und Barone miteinander in ständigem Streit lagen. Dieser Zwist kam dem nächsten Eindringling, der schon im Süden lauerte, sehr gelegen. 711 gelangten arabische Armeen aus Nordafrika über die Straße von Gibraltar und überwältigten die Westgoten.

Sechs Jahre später erreichten sie Barcelona und zogen weiter bis nach Südfrankreich, wo sie bis zu ihrer Niederlage durch die Franken unter Karl dem Großen Ende des 8. Jh. blieben. Die Franken drängten die Mauren über die Pyrenäen zurück. 801 wurde Barcelona von Ludwig dem Frommen, einem Sohn Karls des Großen, befreit. Er machte die Stadt zu einem Teil seiner Spanischen Mark, einer Pufferzone zwischen dem maurischen Spanien und dem fränkischen Reich, die grob gesehen die Region des späteren Kataloniens umfasste. Da die Mauren fast sieben weitere Jahrhunderte in Spanien blieben, kann man die kulturelle und sprachliche Trennung Kataloniens vom Rest des Landes und seinen stolzen Unabhängigkeitssinn bis zu diesem Zeitpunkt zurückverfolgen.

Die Franken überließen die Gegend einigen Grafen, die die Grenze gegen maurische Einfälle verteidigten. Einer davon war der Graf von Barcelona, Guifré el Pilos (Wilfried der Haarige), nicht nur berühmt für seine Körperbehaarung, sondern auch für die Schaffung einer Art katalanischen Staates Ende des 9. Jh. Dies gelang ihm durch die Eroberung der verschiedenen Grafschaften der spanischen Mark und deren Vereinigung unter seiner Herrschaft, die anschließend erblich wurde. Katalonien war nominal immer noch fränkisches Land, als die Mauren 985 Barcelona überfielen. Wilfrieds Urenkel, Borrell II., bat die Franken vergeblich um Hilfe. Dies nahm er zum Anlass, Kataloniens Unabhängigkeit zu proklamieren.

Goldenes Mittelalter
Für Barcelona begann das neue Jahrtausend mit Zuversicht. Aufeinander folgende Grafen hatten sich daran gemacht, durch Heirat oder Kauf mehr Land zu erwerben; die Stadt blühte auf. Ein Gesetzeskodex, die *Usatges*, eine Art frühe Magna Carta, war von Ramon Berenguer I. 1064–68 erlassen worden. Er garantierte die Rechte der Bürger – gute Voraussetzungen also für ein goldenes Zeitalter Kataloniens.

Dieses begann tatsächlich 1137, als Ramon Berenguer IV. Petronilla aus dem benachbarten Aragón heiratete. Als

Ein Stück Jahrhundertwende im sonst mittelalterlichen Barri Gòtic.

Thronerbin bescherte sie den Katalanen das Königreich Aragón als Mitgift. Mit dem neuen Titel eines Grafen und Königs (*comte-rei*) sowie militärisch und finanziell gestärkt begannen Kataloniens Träume von einem großen Reich, und die Herrscher schauten auf das Mittelmeer, um sie dort zu verwirklichen.

Unter Jaume I. (1213–76) und seinen Nachfolgern eroberte Katalonien bis Mitte des 14. Jh. die Balearen, Sardinien, Sizilien und errichtete Handelsposten sogar in Athen, Konstantinopel und Beirut. Katalanische Händler wurden reich, und ihr Vermögen floss zurück nach Barcelona, insbesondere in den Bau der Altstadt, Barri Gòtic. In dieser Zeit wurde Katalanisch die Sprache der Literatur, auch die Bibel und klassische Werke übersetzte man. Selbst Jaumes I. autobiografisches *Buch der Taten* mit der Schilderung seiner militärischen Errungenschaften sowie philosophischen Abhandlungen und Gedichten ist in katalanischer Sprache geschrieben.

Niedergang Kataloniens, Aufstieg Spaniens

Aber noch während ihrer Blütezeit unter Pere III. (1336–87) kündigte sich der Niedergang der Stadt an. 1348 wurde sie von der aus Mallorca eingeschleppten Pest heimgesucht. In deren Gefolge machten sich Hunger und Epidemien breit, und 1391 kam es zu einem schrecklichen Pogrom gegen die Juden.

Die Linie der Grafen von Barcelona, seit Wilfried dem Haarigen ohne Unterbrechung an der Macht, endete mit dem Tod von Martí I. Danach fiel der Thron an Ferdinand von Antequera – von nun an sollte Katalonien von Kastilien beherrscht werden. Während des 15. Jh. verblasste die Macht Kataloniens allmählich. Im Mittelmeerhandel übernahmen Genua und Venedig die Herrschaft. Im Jahre 1462 brach ein Bürgerkrieg zwischen der Monarchie und der katalanischen Oberschicht aus, der zehn Jahre dauerte. Nach dem Ende dieser blutigen Auseinandersetzungen heiratete Ferdinand II. von Aragón Isabella I. von Kastilien, und damit wurde Spanien zu einer vereinten Nation.

Das hatte den Transfer der politischen Macht von Barcelona nach Madrid zur Folge. Nach der Entdeckung Amerikas durch Christoph Kolumbus 1492 richtete sich Spaniens Blick endgültig nach Westen. Es kam aber noch schlimmer: Den Katalanen wurde der Handel mit den Kolonien in der neuen Welt untersagt. Der

Rückblende

Das farbenfrohe Mosaik von Joan Miró auf der Plaça de la Boqueria in der Mitte der Rambles.

Habsburger Philipp II., König von Spanien, machte 1561 Madrid zur Hauptstadt des Reiches, während Katalonien einen verhassten Habsburger Vizekönig vorgesetzt bekam.

Unmut machte sich breit, der in einem Bauernaufstand (»Krieg der Schnitter«) gipfelte, bei dem 1640 Kataloniens Unabhängigkeit erklärt wurde. Nach zwölf Jahren Gewalt musste die Gegend zurück unter die Knute Spaniens. Während des Spanischen Erbfolgekrieges nach dem Erlöschen der Habsburger Linie im Jahre 1700 kämpfte Katalonien auf der Seite der Engländer, Holländer und Deutschen gegen den bourbonischen Thronanwärter Philipp V. Als die Alliierten den Frieden von Utrecht unterschrieben, der den Bourbonen schließlich den spanischen Thron zugestand, mussten die Katalanen die Konsequenzen tragen, und Barcelona wurde wieder einmal von spanischen Truppen besetzt. Diese ließen eine riesige Festung, die Ciutadella, erbauen, um die aufmüpfigen Katalanen besser in Schach zu halten. Die Regierung wurde aufgelöst, der Gebrauch von Katalanisch in Schrift und Unterricht verboten.

Katalanische Renaissance

Kataloniens stärkere Anbindung an Spanien hatte einen positiven Nebeneffekt: Die Verbesserung seiner wirtschaftlichen Stellung. Dies war hauptsächlich bedingt durch die Entwicklung der Baumwollindustrie und die Aufhebung des Handelsverbots mit Amerika im Jahre 1778. Es gab einen Rückschlag in den Wirren der Napoleonischen Kriege und während der Besetzung durch französische Truppen. Aber Mitte des 19. Jh. war das Selbstvertrauen der Stadt wieder so groß wie im Mittelalter.

Wie damals manifestierte es sich auf zwei wichtigen Gebieten: In der Architektur und in der Sprache. Neue literarische Werke in Katalanisch erschienen, und 1906 wurde das Institut für die katalanische Sprache ins Leben gerufen. Die enorme Erweiterung der Stadt über die alten Grenzen hinaus, die Eixample, begann 1860. In den folgenden Jahrzehnten wurden die breiten Boulevards zur Experimentierwiese für Barcelonas kompromisslose Jugendstil-Architektur (*Modernisme*), gefördert von der reichen Mittelklasse und ausgeführt von bekannten katalanischen Architekten wie Antoni Gaudí und Lluís Domènech i Montaner. Der Höhepunkt dieser *Renaixença* (Renaissance), wie die Periode genannt wird, war die Weltausstellung von 1888. Diese wurde zu einem prachtvollen Schaufenster für Barcelonas industrielles und kulturelles Talent. Doch die grandiosen neuen Bauten für den Anlass trieben die Stadt beinahe in den finanziellen Ruin.

Bürgerkrieg und Franco

Neben dem Reichtum wuchs auch die Schar der unzufriedenen armen Arbeiter. Anarchistische und republikanische Gruppen bildeten sich mit dem Ziel, die etablierte Ordnung herauszufordern. Mit dem Zustrom von Immigranten aus anderen Teilen Spaniens entstand ein Gemisch, das im frühen 20. Jh. für zunehmende soziale und politische Spannungen sorgte. Diese fanden 1909 ihren Ausdruck in der *Setmana tràgica*, der tragischen Woche, als die Arbeiter sich mit dem Anzünden von Kirchen gegen die Zwangsrekrutierung für den Kolonialkrieg in Marokko wehrten. Die Armee griff mit aller Härte ein, die Anführer des Aufstands wurden zusammengetrieben und hingerichtet.

Die zwei märchenhaften »Knusperhäuschen«-Pavillons am Eingang des Parc Güell.

Rückblende

Zu dieser Zeit entstand eine starke Separatistenbewegung, und gleichzeitig gelang es der Region mit Hilfe des industriellen Erfolgs, etwas von der politischen Autonomie zurückzugewinnen, die sie im 18. Jh. verloren hatte. In einem Spanien, das nicht am 1. Weltkrieg teilnahm, profitierte Barcelona, indem es den Franzosen Waffen lieferte. Ihre Rolle als treibende Kraft der Nation konnte die Stadt erneut bei der Weltausstellung 1929 unter Beweis stellen.

Die Lage verschlechterte sich dramatisch in den 1930er-Jahren, als Spaniens neu gewählte republikanische Regierung durch die rechten Truppen von General Franco von der Macht geputscht wurde. Barcelona besann sich auf seine lange radikale Tradition und wurde während des Bürgerkriegs zum Zentrum des Widerstands gegen Franco. Doch 1939 musste die Stadt kapitulieren, und einmal mehr verlor sie ihre Bürgerrechte und ihre Muttersprache. Für Barcelona begann eine 20-jährige düstere Periode der wirtschaftlichen und kulturellen Depression.

Barcelona heute

Barcelonas Come-back setzte noch vor dem Tod von General Franco 1975 ein, bedingt durch den finanziellen Niederschlag einer neuen Industrie: dem Massentourismus an der nahe gelegenen Costa Brava. Zwei Jahre nach dem Ende des Franco-Regimes wurden demokratische Wahlen abgehalten. Katalonien gewann seine Regionalregierung, die *Generalitat*, unter dem katalanischen Präsidenten Jordi Pujol zurück. Barcelona etablierte sich sofort als die schnelllebigste, fleißigste und vor allem modernste Stadt in Spanien. Katalanisch machte sich überall breit: im Schulwesen, in der Literatur und sogar auf den Straßenschildern. Und wieder nutzte Barcelona die Gunst der Stunde, sich selbst zu verändern. Diesmal waren die Olympischen Sommerspiele 1992 der Anlass. Besonderes Augenmerk wurde der Sanierung des alten verfallenen Hafenviertels geschenkt, das jetzt als neues Freizeitgebiet dient. Barcelona bereitet sich nun auf das Universal Forum of Cultures von 2004 vor, ein gigantisches Projekt, das aus mehreren Ausstellungen, Diskussionen und Workshops über multikulturelle Themen bestehen soll. Es findet auf einer Verlängerung der Nordküste statt, die speziell dafür errichtet wird. Die neuen, emblematischen Gebäude sollen Barcelonas Rolle für die Architektur auf der ganzen Welt hervorheben.

Stadtbummel

Das historische Zentrum von Barcelona ist die Ciutat Vella (Altstadt). Hier befand sich die römische Siedlung, und hier entstand das mittelalterliche Barri Gòtic. Der Rest der Stadt lässt sich zu Fuß oder mit öffentlichen Verkehrsmitteln gut erkunden.

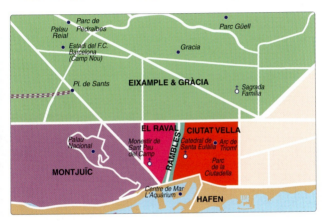

14 **Rambles**: Barcelonas berühmteste Flaniermeile durch das Stadtzentrum bis zum Hafen

17 **Ciutat Vella**: Das alte Herz einer modernen Stadt rund um die Kathedrale

29 **El Raval**: Eine bunte Gegend mit engen Gassen und alten Bars

33 **Hafen**: Strände sowie die geschäftigen modernen Port Vell und Port Olímpic

35 **Montjuïc**: Einmalige Museen auf einem Hügel über der Stadt

41 **Eixample & Gràcia**: Stadtviertel aus dem 19. Jh. mit *Modernisme*-Gebäuden in Hülle und Fülle

RAMBLES

Keine Straße der Welt ähnelt den Rambles. Sie gleichen einer Bühne mit einer packenden, dramatischen Vorstellung, die ununterbrochen läuft. Die Schauspieler sind tausende von Menschen, die auf den grau-blauen wirbelnden Mustern der Pflastersteine unaufhörlich auf und ab spazieren. Auch die Kulisse der Zeitungsstände, Vogelhändler, Handleserinnen, Kartenspieler, Straßenmusikanten und -künstler leistet ihren Beitrag zum Vergnügen. Der 2 km lange baumgesäumte Boulevard ist so ein Augenschmaus, dass er zehnmal so lang erscheint als in Wirklichkeit. Man stimmt dem spanischen Dichter Lorca sofort zu, der sich wünschte, diese Straße würde nie enden.

Rambles W 1–Y 6*
- U-Bahn: Catalunya/Liceu/
- Drassanes

Die modernen Rambles entstanden im 18. Jh. Seinen leicht geschlängelten Verlauf verdankt der Boulevard der Tatsache, dass er über einem trockenen Flussbett (auf Arabisch *ramla*) gebaut wurde, an dessen Ufer die westliche Mauer des Barri Gòtic entlanglief. Die Rambles führen von der Plaça de Catalunya hinunter zur Kolumbussäule am Hafen und ändern fünfmal den Namen. Die Bezeichnung jedes Abschnitts erinnert an eine Kirche oder ein Kloster, die früher am Weg lagen. Achten Sie beim Spazieren auf die Schilder: Rambla de Canaletes, Rambla Estudis, Rambla Sant Josep, Rambla Caputxins und Rambla Santa Mònica.

Am besten schließt man sich einfach dem Menschenstrom an und genießt den *paseo*. Trotzdem sollte man die Augen offen halten für einige bemerkenswerte Dinge. Es lohnt sich auch, hin und wieder den Blick auf die faszinierenden oberen Stockwerke der Häuser zu richten. Am Beginn steht der **Font de Canaletes**, ein Trinkbrunnen aus der Wende des 18./19. Jh. Ein Schluck von diesem Wasser soll dem Besucher die Rückkehr nach Barcelona garantieren. (Vorsicht, die Wasserqualität ist fragwürdig.) Ein wenig weiter unten befindet sich rechts das **Teatre Poliorama**, auf dessen Dach George Orwell im Spanischen Bürgerkrieg einige Tage lang übte, auf die Zivilgarden zu zielen, die gegenüber im Café Moka verschanzt waren. Kurz bevor Sie den Mercat de la Boqueria

---

*Diese Angaben beziehen sich auf den Faltplan am Ende des Führers.

Rambles

erreichen, sollten Sie die schöne klassizistische Fassade des **Palau de la Virreina** (Nr. 99) beachten. Der Palast wurde in den 1770er-Jahren von einem aus Peru heimkehrenden Vizekönig errichtet. Er war eines der ersten Anzeichen für den neuen Reichtum durch den Handel mit den amerikanischen Kolonien. Nur wenige Schritte vom Markt entfernt liegt in der Mitte der Rambles ein großes 1976 von Miró geschaffenes **Mosaik**. Auf der linken Seite, wo die Straßen vom Barri Gòtic auf die Rambles stoßen, hängt an der **Casa Bruno Quadras** ein faszinierender grüner Drachen als Laternenhalter.

Mercat de la Boqueria X 4
- U-Bahn: Liceu
- La Rambla 91
- Tel. 93 318 25 84
- Mo bis Sa 8–20 Uhr

Barcelonas wichtigste Markthalle wurde im 19. Jh. erbaut. Unter ihrem von einer riesigen Eisenkonstruktion getragenen Dach findet man eine der größten Sehenswürdigkeiten der Stadt. Beim Anblick der Auslagen von frischem Obst, Nüssen, Gewürzen, Kräutern sowie Bergen von Fisch,

Auf den Rambles kann einem alles und jedes begegnen.

Wurst, Fleisch und Käse läuft einem das Wasser im Munde zusammen.

Museu de l'Eròtica X 4
- U-Bahn: Liceu
- La Rambla 96 bis
- Tel. 93 318 98 65
- Täglich; Okt. bis Mai 11–21 Uhr, Juni bis Sept. 10–24 Uhr

Dieses Museum gegenüber des Boqueria-Marktes versucht – leider nicht immer ganz überzeugend –, die Erotik aus seriöser historischer Perspektive darzustellen. Trotzdem gibt es einige interessante Ausstellungsstücke, so etwa die Fotosammlung aus den 1930er-Jahren von Barcelonas »heißem« Barri Xino (Chinesenviertel).

Plaça Reial X 4
- U-Bahn: Liceu

Nur wenig abseits der Rambles erreicht man durch die enge Carrer de Colom die Plaça Reial, einen eindrucksvollen palmenbeschatteten Platz aus dem 19. Jh. mit schönen klassizistischen Fassaden. Die Laternen in der Mitte sind das älteste bekannte Werk des großen Architekten Antoni Gaudí. Unter den Arkaden befinden sich Bars und einige der schicksten Restaurants Barcelonas, obwohl die Plaça längere Zeit im Ruf stand, der Treffpunkt der Randständigen der Stadt zu sein.

Museu de Cera Y 5
- U-Bahn: Drassanes
- Passatge de la Banca 5
- Tel. 93 317 26 49
- Juli bis Sept. täglich 10–22 Uhr, Okt. bis Juni Mo bis Fr 10–13.30 und 16–19.30 Uhr, Sa und So 11–14 und 16.30–20.30 Uhr

Auf derselben Seite weiter unten führt eine schmale Passage zum Wachsmuseum mit nachgestellten historischen Szenen und vielen Abbildungen bekannter Personen.

Kolumbussäule Y 6
- U-Bahn: Drassanes
- Plaça Portal de la Pau
- Tel. 93 302 52 24
- Juni bis Sept.: täglich 9–20.30 Uhr; Okt. bis März: Mo bis Fr 10–13.30 und 15.30–18.30 Uhr, Sa, So und Feiertage durchgehend geöffnet;
- April bis Mai: bis 19.30 Uhr

Die 60 m hohe Säule am südlichen Ende der Rambles ist Barcelonas Hommage an Christoph Kolumbus und wurde zur Weltausstellung von 1888 errichtet. Zwar bedeutete die Entdeckung Amerikas das Ende von Kataloniens wirtschaftlicher Unabhängigkeit, aber Kolumbus blieb ein Held für die Barcelonesen, da sie lange glaubten, er sei in ihrer Stadt geboren (was nicht stimmt). Von der Plattform aus genießen Sie einen schönen Blick auf das Hafenviertel.

Ciutat Vella

CIUTAT VELLA

Die Altstadt erstreckt sich direkt östlich der Rambles. An Stelle der heutigen Plaça de Sant Jaume befanden sich einst das römische Forum und der Haupttempel, und bis heute ist der Platz das Zentrum der katalanischen Verwaltung. Die meisten architektonischen Schätze des Barri Gòtic (Gotisches Viertel) stammen jedoch aus dem Mittelalter, darunter die herrliche Kathedrale, der Königspalast und das Gewirr von engen Straßen mit ganz eigenem Charme. Dahinter gelangt man zum riesigen Ciutadella-Park mit einigen schönen Museen und Barcelonas wichtigstem Publikumsmagneten, dem Museu Picasso.

Santa Maria del Pi X 4
- U-Bahn: Liceu
- Plaça Sant Josep Oriol
- Tel. 93 318 47 43
- Täglich 9–13 und 16–21 Uhr

Wenn man von den Rambles kommend die Altstadt an der Plaça de Boqueria betritt, gelangt man zu diesem klassischen Beispiel katalanisch-gotischer Architektur. Das Gotteshaus wurde 1322 begonnen, der achteckige Glockenturm kam im folgenden Jahrhundert hinzu. Das dunkle, beinahe schmucklose einschiffige Innere ist typisch katalanisch. Beachten Sie auch die wunderbare spätgotische Fensterrosette. Die Kirche ist von drei Plätzen mit beliebten Straßencafés umgeben. An jedem ersten Wochenende im Monat wird hier ein Bauern- und Handwerksmarkt abgehalten.

Caelum X 3
- U-Bahn: Liceu
- Bus: alle Linien zur Plaça de Catalunya
- Carrer de la Palla 8
- Tel. 93 302 69 93
- Mo 5–20.30 Uhr
- Di bis Sa 10.30–20.30 Uhr
- So 11.30–14.30 Uhr

Mehr als dreißig Klosterküchen beliefern dieses ungewöhnliche Geschäft hinter dem Erzbischofspalast: Käse, Oliven, Konserven und vieles mehr. Die ehemaligen Thermalbäder im Keller sind heute ein Café, wo man die Leckereien probieren kann.

Catedral La Seu Y 3
- U-Bahn: Liceu/Jaume I
- Plaça de la Seu 3
- Tel. 93 315 15 54
- Mo bis Sa 9–13.30 und 16–19 Uhr
- Führungen: 14–16 Uhr (Kosten: 4 Euro, vor dem Haupteing. warten)
- Museum täglich 10–13 und 16–17 Uhr

Stadtbummel

Ein paar Schritte weiter östlich erhebt sich Barcelonas spektakuläre gotische Kathedrale an jener Stelle, wo bereits ein römischer Tempel und später eine Moschee standen. Die ältesten Teile des Gotteshauses entstanden um 1298, doch die Arbeiten dauerten bis in die 1440er-Jahre. Die Fassade konnte wegen Geldmangels erst 1890 vollendet werden, weshalb Puristen sie als im »gotischen Stil dekoriert« betrachten. Das Hauptschiff wird von den beiden mit 29 Kapellen versehenen Seitenschiffen durch hohe schlanke Säulen getrennt. Die Mitte der Kathedrale beherrscht der *coro*, ein für die spanische Bauweise typisches kastenartiges Gebilde, in dem sich das geschnitzte Chorgestühl befindet. Zwischen diesem und dem Altar führen Treppen hinunter in die Krypta mit dem Grab von Barcelonas Schutzpatronin, Santa Eulàlia. Der wohl schönste Teil des Komplexes ist der mittelalterliche Kreuzgang. Zwischen gotischen Bogen, alten Grabsteinen und Palmen hört man Gänse schnattern.

DIE SARDANA

Die Sardana ist der energiegeladene, aber anmutige Nationaltanz der Katalanen. Mit ihrer von einem Blasinstrument gespielten Melodie zieht sie die Einheimischen immer und überall in ihren Bann. Die genaue Herkunft des Reigentanzes ist unbekannt. Wissenschaftler vermuten sie bei den Griechen, die in Empurien und anderswo an der Küste siedelten.

Die täuschend einfach aussehende Sardana wird, außer zu besonderen Gelegenheiten, in Alltagskleidern getanzt. Die Tänzer bilden einen Kreis, in den sich jederzeit weitere Mitmachende einreihen können. Wird der Reigen zu schwerfällig, bildet man einfach einen neuen. Jede Gruppe hat einen Anführer, der verantwortlich ist für die genaue Einhaltung von Taktwechseln. Wenn er einen Fehler macht, gerät sein Kreis aus dem Rhythmus.

Das Besondere an der Sardana ist der Geist, der sie beseelt. Der Tanz überwindet alle sozialen Barrieren, weil in der Sardana die Solidarität sämtlicher Katalanen zum Ausdruck kommt. Auch Touristen können, rein technisch gesehen, mitmachen. Tatsächlich ist aber Zurückhaltung geboten. Es gibt nämlich ein ungeschriebenes Gesetz, das dem Ehrgeiz der meisten Besucher ein Ende setzt: Kein Katalane würde je einem Sardana-Kreis beitreten, in dem auf viel höherem Niveau getanzt wird als es seinem Können entspricht. So kann es vorkommen, dass der uneingeweihte Gast aus dem Reigen gedrängt wird. Von Juli bis September wird die Sardana samstags um 18 Uhr und sonntags um 12 Uhr vor der Kathedrale getanzt.

Ciutat Vella

Gotik pur – auch wenn die Fassade der Kathedrale La Seu erst im späten 19. Jahrhundert entstand.

Der Brauch, diese Vögel hier zu halten, ist uralt; ihre weißen Federn sollen die Reinheit der hl. Eulàlia symbolisieren. Im Kapitelhaus ist ein kleines Museum mit Bildern von Künstlern der katalanischen Renaissance untergebracht. Vom Kreuzgang gelangt man auch in die romanische Kapelle Santa Llúcia, die älter ist als die Kathedrale.

Casa de l'Ardiaca Y 3
- U-Bahn: Liceu/Jaume I
- Carrer de Santa Llúcia
- Tel. 93 318 11 95
- Mo bis Fr 9–20.45 Uhr
- Sa 9–13 Uhr

Gegenüber der Santa-Llúcia-Kapelle sieht man den ehemaligen Sitz des Erzdiakons aus dem 16. Jh. (ursprünglicher Bau 12. Jh.). Genießen Sie eine Ruhepause im zauberhaften Innenhof mit dem kleinen Brunnen und einer uralten Palme. Hier kann man einen Blick auf das römische Tor werfen, in das das Haus hineingebaut wurde.

Museu Diocesà Y 2
- U-Bahn: Jaume I
- Avenida de la Catedral
- Tel. 93 315 22 13
- Di bis Sa 10–14 und 17–20 Uhr
- So 11–14 Uhr

Dieses Museum ist an der Plaça de la Seu in der Casa de la Pia Almoina untergebracht. Die Mauern des ursprünglichen Armenhauses aus dem 15. Jh. schließen den Rest eines römischen Turmes ein. Ausgestellt werden in erster Linie religiöse Werke aus gotischer Zeit wie zum Beispiel Gemälde, Skulpturen und Altarbilder.

Museu Frederic Marès Y 3
U-Bahn: Jaume I
Plaça Sant Iu 5–6
Tel. 93 310 58 00
Di bis Sa 10–19 Uhr
So 10–15 Uhr

Folgt man der Carrer dels Comtes, gelangt man zu einem von Barcelonas ungewöhnlichsten Museen. Frederic Marès (1893–1991) war Bildhauer, Kunstlehrer und leidenschaftlicher Sammler. Erhabene Kunstwerke stehen neben alltäglichem Kitsch. So sehen Sie neben einer großen Anzahl wertvoller religiöser Arbeiten – besonders Kreuzigungsszenen und Marienstatuen – Belanglosigkeiten wie Nussknacker, Aschenbecher und Parfümflakons. Marès vermachte dieses Sammelsurium der Stadt, die es in einem Flügel des Palau Reial unterbrachte.

EIN SPAZIERGANG DURCH DIE RÖMERZEIT

Ein angenehmer Bummel durch das Labyrinth der Gassen des Barri Gòtic führt an den meisten Überresten der alten römischen Siedlung Barcino vorbei. Beginnen Sie an der Plaça Nova ganz in der Nähe der Kathedrale. An der Ecke der Carrer del Bisbe stehen zwei massige Türme, die den Eingang zur römischen Stadt bildeten. Die Gasse mündet südlich in die Plaça Sant Jaume; hier befand sich das römische Forum. Durch die Carrer Paradis an der Nordseite des Platzes kommen Sie zum Augustustempel (1. Jh. n. Chr.). Gehen Sie dann zurück über die Plaça Sant Jaume in die Carrer de la Ciutat neben dem Ajuntament, und folgen Sie dieser bis zur Carrer Regomir. In Nr. 3 sieht man unter den Mauern eines schönen mittelalterlichen Hauses die Fundamente eines römischen Bades. Kurz dahinter biegen Sie in die Carrer Correu Vell, eine der schönsten Straßen der Altstadt. An deren Ende liegen die Reste eines gewaltigen Verteidigungsturms. Unweit davon gelangt man durch die Carrer del Sots-Tinent Navarro zum Palau Reial. Diese Straße folgt dem äußeren Wall der römischen Stadt. Einige beeindruckende zusammenhängende Abschnitte stehen heute noch; ein Teil wurde gar in den Königspalast integriert. Dies sieht man am besten von der Plaça Berenguer el Gran aus. Das Museu d'Història de la Ciutat zeigt eine faszinierende und detaillierte Ausstellung zum römischen Barcelona.

Ciutat Vella

Palau Reial Y 3
- U-Bahn: Jaume I
- Plaça del Rei
- Tel. 93 315 11 11
- Juni bis Sept: Di bis Sa 10–20, So 10–15 Uhr
- Okt. bis Mai: Di bis Sa 10–14, 16–20 Uhr; So 10–14 Uhr

Gehen Sie links durch die Carrer dels Comtes bis zur gut erhaltenen mittelalterlichen Plaça del Rei. Dies war einst der Innenhof des Palastes der Grafen und Könige von Barcelona. In der nördlichen Ecke führen Treppen hinauf zum **Saló del Tinell** (14. Jh.) mit seinen bemerkenswerten Tonnengewölben und Bogen mit einer Spannweite von 17 m. Ob Christoph Kolumbus bei seiner Rückkehr aus Amerika hier im Saal oder draußen auf der Treppe von Ferdinand und Isabella empfangen wurde, ist bei Historikern umstritten. Sicher ist, dass der Raum während der Inquisition den Rahmen für Verhöre bildete. Heute wechseln sich hier zeitgenössische Kunstausstellungen ab.

Die schöne **Capella de Santa Agata** daneben wurde unter Jaume II. zu Beginn des 14. Jh. als Palastkapelle erbaut. Von hier aus kann man auf den **Mirador del Rei Martí** (König-Martins-Turm) steigen, der die Plaça del Rei beherrscht. Genießen Sie den Blick auf die Kathedrale und die Stadt.

Museu d'Història de la Ciutat Y 3
- U-Bahn: Jaume I
- Plaça del Rei
- Tel. 93 315 11 11
- Juni bis Sept: Di bis Sa 10–20, So 10–14 Uhr
- Okt. bis Mai: Di bis Sa 10–14, 16–20 Uhr; So 10–14 Uhr

Dieses ausgezeichnete Museum an der Südseite des Platzes hat seinen Eingang in der Casa Padellàs. Es befindet sich in einem Herrenhaus aus dem 15. Jh., das 1931 von der nahen Carrer de Mercaders hierher versetzt wurde. Während des Wiederaufbaus der Fundamente entdeckte man wichtige Zeugnisse der römischen Stadt, die heute den interessantesten Teil der Ausstellungen ausmachen. Mit dem Aufzug gelangen Sie hinunter in ein Labyrinth aus Holzstegen, das sich zwischen der Plaça de Rei und der Kathedrale ausdehnt. Die Stege führen über Reste von alten Straßen, Häusern, Geschäften und Manufakturen, wo Wein, gesalzener Fisch und die von den Römern hoch geschätzte Fischsauce *garum* hergestellt wurden. In den oberen Museumsräumen ist die Geschichte der Stadt dargestellt. Der Eintritt beinhaltet auch eine »virtuelle Zeitreise« sowie den Zugang zu den luxuriösen Räumen des Palau Reial.

Palau de la Generalitat Y 3

- U-Bahn: Jaume I
- Plaça Sant Jaume
- Tel. 93 402 46 00
- Nur mit Führung: 2. und 4. Sonntag im Monat 10.30–13.30 Uhr

Die Plaça Sant Jaume ist der Mittelpunkt von Barcelonas politischem Leben. Die Generalitat, Sitz der katalanischen Regierung, befindet sich seit dem 15. Jh. an der Nordseite des Platzes. Die Fassade kam in der späten Renaissance hinzu. Der gotische Eingang mit einer Skulptur des hl. Georg von 1418 stammt vom katalanischen Baumeister Safont und ist von der Carrer de Bisbe aus zu bewundern. Das Gebäude ist nicht immer zugänglich; sollten Sie hineinkommen, dann sehen Sie einen prachtvollen mittelalterlichen Kreuzgang und Safonts St.-Jordi-Kapelle, die dem Schutzheiligen Kataloniens gewidmet ist.

Temple d'Augustus Y 3

- U-Bahn: Jaume I
- Carrer Paradís 10
- Juni bis Sept.: Di bis Sa 10–20 Uhr, So 10–14 Uhr
- Okt. bis Mai: Di bis Sa 10–14, 16–20 Uhr; So 10–14 Uhr

Der römische Haupttempel lag unmittelbar hinter der Plaça Sant Jaume. Er wurde im 1. Jh. n. Chr. zu Ehren Kaiser Augustus' errichtet. Die vier übrig gebliebenen korinthischen Säulen sind in einem ansonsten unauffälligen Gebäude versteckt.

Ajuntament de Barcelona Y 3

- U-Bahn: Jaume I
- Plaça Sant Jaume
- Tel. 93 402 73 64
- So 10–14 Uhr

Gegenüber vom Regierungssitz steht das Rathaus (Ajuntament) – oft mehr politischer Rivale als Nachbar. Es ist mit einer klassizistischen Fassade aus dem 19. Jh. versehen, doch auch hier gibt es einen gotischen Eingang, in diesem Fall versteckt in der Seitenstraße Carrer de la Ciutat. Ein großer Teil des herrlichen Inneren aus dem 14. Jh. ist am Wochenende für Besucher zugänglich. Im Hof gibt es Werke von Joan Miró und Frederic Marès zu bewundern. Über eine breite Treppe gelangt man in einen prächtigen Saal im Stil der katalanischen Gotik (1369). In diesem Saló de Cent tagte der Rat der Hundert, der aus repräsentativen Bürgern aller Schichten bestand. Seine Aufgabe war die Regelung der städtischen Belange. Der Consell de Cent existierte vom 13. Jh. bis ins frühe 18. Jh.

Ciutat Vella

Sant Just i Pastor Y 3
- U-Bahn: Jaume I
- Plaça Sant Just 1
- Tel. 93 301 74 33
- Täglich 10–13 und 17–20 Uhr

Von der Carrer de la Ciutat biegt man links in die Carrer Hércules ein, die zu dieser Kirche im Stil der katalanischen Gotik (14. Jh.) mit einigen Barockelementen führt. Sie steht an einem freundlichen kleinen Platz, der einen Ruhepunkt in diesem Viertel darstellt. Er eignet sich sogar für ein Picknick. Jeweils am ersten Donnerstag im Monat wird hier ein **mittelalterlicher Markt** abgehalten.

La Mercé Y–Z 5
- U-Bahn: Jaume I

Die Carrer de la Ciutat führt zur Carrer de la Mercé hinter dem Hafen. Diese Gegend ist sichtlich baufälliger als das nördliche Barri Gòtic. Es war einst eines der beliebtesten Viertel der Stadt, aber mit dem 20. Jh. begannen harte Zeiten. Damals lebte die Familie Picasso hier. Der Vater lehrte Kunst an der *Escola de Belles Artes*, die sich im Gebäude La Llotja an der Passeig Isabel II befand, während sich der Sohn, ein frisch gebackener junger Künstler, in der rauen Ambiance der Straßen und in den Bordellen der Carrer d'Avinyo die

DIE TRAGIK VON EL CALL Y 3

Das ehemalige jüdische Viertel El Call liegt unmittelbar westlich der Plaça Sant Jaume. Die ersten Juden lebten seit dem 2. Jh. n. Chr. hier, lange bevor sich Christen in diesem Stadtteil niederließen. Im Mittelalter bildete die jüdische Gemeinschaft das Rückgrat des blühenden Finanz-und Handelsplatzes. Ihre Mitglieder unterstützten den Expansionsdrang der Grafen und Könige, was sie leider nicht vor Schikanen durch die Autoritäten schützte. Die Juden mussten hohe Steuern zahlen, und eine strikte Ausgangssperre verbot ihnen, El Call nach Einbruch der Dunkelheit zu verlassen. Unter Jaume I. wurden sie im 13. Jh. gezwungen, ein rotgelbes Abzeichen zu tragen, damit man sie schneller erkannte. Nach dieser Diskriminierung kam es noch schlimmer: Das Volk gab ihnen die Schuld an der ausgebrochenen Pest, und im August 1391 wurde bei einem schrecklichen Pogrom die gesamte Gemeinde niedergemetzelt. Als man die Juden 1424 offiziell aus der Stadt verbannte, war das Call schon verwaist. In den kleinen Seitengassen zwischen der Carrer de Call und der Carrer de Ramon del Call ist noch heute der Geist des mittelalterlichen Barcelona spürbar. Allerdings sind die Spuren der jüdischen Bevölkerung, der die Stadt so viel zu verdanken hat, nahezu völlig vernichtet.

Ciutat Vella

Hörner abstieß. Der Bezirk wird beherrscht von der **Església de la Mercé** mit Barcelonas meistverehrtem Abbild der Mutter Gottes. Ein paar Straßen weiter westlich stößt man auf die **Plaça Duc de Médiniceli**, die – wie auch die Plaça Reial – von Francesc Molina entworfen wurde. Die Säule und der Brunnen in der Platzmitte ehren einen katalanischen Admiral aus dem 14. Jh. Es ist das erste Denkmal Barcelonas aus Gusseisen, dem von der industriellen Revolution bevorzugten Material.

La Ribera Y–Z 1–2
: U-Bahn: Jaume I

Hinter der geschäftigen Via Layetana erstreckt sich das alte Hafenviertel La Ribera (vor der Landgewinnung verlief hier die Küste). Ganze Häuserzeilen wurden im 18. Jh. abgerissen, um Platz zu machen für den Bau der Ciutadella. Diese wurde von den Habsburgern im Anschluss an den Spanischen Erbfolgekrieg errichtet, in dem die Katalanen gegen Madrid Partei ergriffen hatten. Zum Glück haben einige der Schönheiten dieses alten Stadtteils überlebt. Die Straßen rund um den alten Markt – den Mercat del Born – werden von alten, schönen Gebäuden gesäumt, von dene viele in letzter Zeit renoviert wurden, um das Viertel aufzuwerten. Die **Carrer de Montcada** beherbergt eine Reihe renommierter Museen, Kunstläden und Galerien und ist eine spätmittelalterliche Schatztruhe. mit schönen Bürgerhäusern aus dem 15. El Born gilt als der trendigste Ort, wo man Essen geht, Galerien besucht oder einfach einen Drink auf einer der vielen *terrassas* genießt.

Museu Picasso Z 2
: U-Bahn: Jaume I
: Palau Aguilar
: Carrer Montcada 15–19
: Tel. 93 319 63 10
: Di bis Sa 10–20 Uhr,
: So 10–15 Uhr

Die umfangreiche Sammlung von Picassos Werk mit Gemälden, Skulpturen, Keramik und Grafiken ist in drei Palästen untergebracht. Der Schwerpunkt liegt auf drei sehr unterschiedlichen Perioden: Die frühen Jahre von 1890 bis 1904, als Picasso in Paris lebte; die Zeit um 1917, als er ein reifer Kubist war; und die 1950er-Jahre mit einer großen Zahl von Gemälden, die seinen Variationen von Velázquez *Las Meninas* gewidmet sind.

Eine Verschnaufpause auf der Plaça de Santa Maria im Herzen des alten Ribera-Viertels.

Das Museum dokumentiert die unermüdliche Kreativität des Mannes. Die Entwicklung vom jungen Studenten zu einem der größten modernen Künstler vollzieht sich förmlich unter den Augen des Betrachters. Das außergewöhnliche Talent, das in realistischen Arbeiten zu Tage tritt wie in den *Selbstporträts* von 1896–97, den Porträts seiner Eltern und der meisterhaften *Ersten Kommunion* ist nur zu vergleichen mit der Unbefangenheit, mit der Picasso all dies hinter sich ließ, um die europäische Kunst um die Jahrhundertwende neu zu erfinden.

Museu Tèxtil i d'Indumentària Z 2

- U-Bahn: Jaume I
- Carrer de Montcada 12
- Tel. 93 319 76 03
- Di bis Sa 10–18 Uhr
- So 10–15 Uhr

Das Museum befindet sich in dem schönen Palau de Liló aus dem 14. Jh. Durch einen eleganten Hof gelangt man in die Textilausstellung mit Spitzen, Stickereien und Modeartikeln vom Barock bis zur Gegenwart.

Museu Barbier-Mueller d'Art Precolombí Z 2

- U-Bahn: Jaume I
- Carrer de Montcada 14
- Tel. 93 310 45 16
- Di bis Sa 10–20 Uhr
- So 10–15 Uhr

Gleich neben dem Textilmuseum ist ein Ableger des in der Schweiz beheimateten Instituts, das auf Inka-und Mayakultur spezialisiert ist. Die Ausstellungen wechseln im Turnus mit dem Hauptsitz in Genf.

Museu de la Xocolata Z 2

- U-Bahn: Jaume I
- Plaça Pons i Clerch
- Tel. 93 268 78 78
- Mo, Mi–Sa 10–19 Uhr
- So 10–15 Uhr

Am besten besucht man das Schokolade-Museum in der Zeit vor Ostern, wenn die *pastisserias* der Stadt ihre *monas* ausstellen, d. h. fein gearbeitete Skulpturen aus Schokolade, geschmückt mit Federn, Schmuck usw. Die Dauerausstellung beschäftigt sich mit der Geschichte der Herstellung von Schokolade, und das Café präsentiert eine verführerische Auswahl von Süßigkeiten.

Santa Maria del Mar Z 3

- U-Bahn: Jaume I
- Plaça de Santa Maria
- Tel. 93 310 23 90
- Täglich 9–13.30, 16.30–20 Uhr

Es ist kaum zu glauben, dass diese außergewöhnliche katalanisch-gotische Kirche am Ende der Carrer

Ciutat Vella

de Montcada direkt am Meer stand, als sie 1329 erbaut wurde. Die einfache Ausschmückung des Innenraums mit einer wunderbaren Fensterrosette aus dem 15. Jh., seinen weiten gotischen Bogen und dem Fächergewölbe ist den Anarchisten aus dem Spanischen Bürgerkrieg zu »verdanken«: sie zündeten das Gotteshaus 1936 an, wobei die ganze Barockausstattung verbrannte.

Parc de la Ciutadella E 5

U-Bahn: Jaume I/Arc de Triomf

Dieser angenehme Park wurde an der Stelle der verhassten Ciutadella angelegt. Die habsburgische Festung war so groß, dass die Abrissarbeiten in der Mitte des 19. Jh. zehn Jahre lang dauerten. Heute gibt es hier einen See mit Ruderbooten, die man mieten kann, den Stadtzoo, einen Wintergarten und einen aufwändig geschmückten Brunnen, an dem auch der junge Gaudí mitarbeitete. Das katalanische Parlament teilt sich die von der Zitadelle übrig gebliebenen Gebäude mit dem Museum für moderne katalanische Kunst.

Ganz am Nordende des Parks steht ein **Arc de Triomf** aus roten Ziegeln, der 1888 von Josep Vilaseca für die Weltausstellung entworfen wurde.

Museu de Zoologia E 5

U-Bahn: Jaume I/Arc de Triomf
Passeig Picasso, Parc de la Ciutadella
Tel. 93 319 69 12
Di bis So 10–14 Uhr
Do 10–18.30 Uhr

Der Bau an der Nordwestecke des Parks wurde von Domènech i Montaner im Modernisme-Stil als witzige Parodie eines mittelalterlichen Schlosses entworfen, wobei die Bauelemente Ziegel und Eisen den imposanten Stein ersetzen. Während der Weltausstellung von 1888, die hauptsächlich in diesem Park stattfand, beherbergte das Gebäude ein Restaurant; heute ist hier das Zoologische Museum untergebracht. Allgemein bekannt ist das Schloss unter seinem Spitznamen *Castell dels Tres Dragons* (Burg der drei Drachen).

Museu de Geología E 5

U-Bahn: Jaume I/Arc de Triomf
Parc de la Ciutadella
Tel. 93 319 68 95
Di bis So 10–14 Uhr
Do 10–18.30 Uhr

Dieses große Museum stellt die geologischen Fundstücke aus der Region aus, darunter auch Dinosaurier und Fossilien, von denen viele einst die Hügel rund um Barcelona bevölkerten.

Museu d'Art Modern de Catalunya E 5

- U-Bahn: Jaume I/Arc de Triomf/Barceloneta
- Plaça d'Armes, Parc de la Ciutadella
- Tel. 93 319 57 28
- Di bis Sa 10–19 Uhr
- So 10–14.30 Uhr

Die Ausstellung im Parlamentsgebäude mitten im Park konzentriert sich auf die katalanische Kunst vom 19. Jh. bis in die 1930er-Jahre. Hier hängen neben überladenen romantischen Gemälden auch solche von herausragenden Modernisme-Künstlern wie Santiago Rusiñol, Isidre Nonell und Ramon Casas. Zu sehen ist das berühmte Bild von Casas, das früher im Lokal *Els Quatre Gats* hing. Es zeigt den Künstler und den Restaurantinhaber Pere Romeu auf einem Tandem. Ausgestellt sind auch Möbel von Gaudí und Arbeiten von Joaquim Sunyer und Xavier Nogués. Die beiden prägten die *noucentista*-Schule, die eine klassischere Annäherung an die Kunst suchte.

Achtung: Ende 2004 werden die Sammlungen des Museums in das MNAC in Montjuïc transferiert.

EINKAUFEN

In der Altstadt findet man heute noch preiswerte Antiquitäten, alte Bücher und Kunst. Katalanische Keramik ist oft sehr originell und reicht von sehr einfachen bis zu äußerst raffinierten Objekten. Spezialgeschäfte sind über die ganze Stadt verstreut, einige davon liegen halb versteckt in den engen Gassen hinter der Kathedrale. Antiken und modernen Schmuck, handgearbeitete rustikale Möbel und andere Handwerksartikel von hoher Qualität kann man im Poble Espanyol in Montjuïc und in den Straßen rund um das Picasso Museum in Calle Montcada erstehen.

Die Textilherstellung hat in Katalonien eine lange Tradition, und während der industriellen Revolution war sie die einzige Industrie der Region. In den letzten Jahren haben sich Spaniens Modedesigner einen Namen gemacht, darunter vor allem Josep Font, Lydia Delgado und Custo. Man findet ihre Kreationen in den Boutiquen entlang der Boulevards und in den Arkaden und Galerien des Eixample sowie in der Avenida Diagonal mit vielen renommierten Geschäften. Wer eine Schwäche für luxuriöse Lederwaren hat, sollte keinesfalls Lowes schönes, modernistisches Schaufenster in der Pg. de Gràcia verpassen. Die schmalen Gassen des Mercat del Born in La Ribera sind bekannt für ihre vielen kleinen Boutiquen mit modischer Designerkleidung.

El Raval

EL RAVAL

Wie ein Spiegelbild des Barri Gòtic liegt dieses Viertel auf der anderen Seite der Rambles. In den 1920er- und 30er-Jahren war es als Barrio Chino (*Barri Xino* in Katalanisch) bekannt. Im »Chinesenviertel« – dem Rotlichtbezirk der Stadt – lebten wenige Asiaten, dafür aber zahlreiche Unterweltgestalten. Heute noch ist bei Dunkelheit Vorsicht geboten, auch wenn die Zeit und die Anstrengungen der Städteplaner das Barrio gezähmt haben. In den Seitenstraßen findet man stimmungsvolle Bars und Restaurants sowie einige Sehenswürdigkeiten.

Centre de Cultura Contemporánia de Barcelona (CCCB) C 4
- U-Bahn: Catalunya
- Carrer Montalegre 5
- Tel. 93 306 41 00
- Juni, Juli, August: Di bis Sa 11–20 Uhr; So 11–15 Uhr
- Sept. bis Mai: Di, Do, Fr 11–14; 16–20 Uhr; Mi, Sa 11–20 Uhr; So und Feiertage 11–19 Uhr

Die Galerie zeigt Architektur- und Kunstausstellungen, veranstaltet Filmvorführungen und Konzerte. Das Gebäude, die Casa de la Caritat, war früher ein Armen- und Irrenhaus. Seine klassizistischen Mauern umschließen auf harmonische Weise das moderne Hightech-Kunstmuseum.

Museu d'Art Contemporani de Barcelona (MACBA) D 4
- U-Bahn: Catalunya
- Plaça dels Àngels 1
- Tel. 93 412 08 10
- Mo, Mi bis Fr 11–20 Uhr, Sa 10–20 Uhr; So 10–15 Uhr

Das vom amerikanischen Architekten Richard Meier entworfene Gebäude hebt sich mit seiner blendend weißen Fassade stark von der Umgebung ab. Das 1995 eröffnete Museum konzentriert sich auf Trends in der internationalen und katalanischen Kunstszene seit den 1940er-Jahren. Die ausgestellten Objekte stammen aus einer reichen Sammlung und werden regelmäßig ausgewechselt. Nebst Werken von Miró, Klee und Rauschenberg sind auch einheimische Talente wie Miquel Barceló, Susana Solano oder Joan Brossa eine Entdeckung wert.

FAD (Forment de les Arts Decoratives) W 4
- U-Bahn: Catalunya
- Plaça dels Àngels 5-6
- Mo bis Fr 11–20 Uhr

FAD ist eine aktive Institution, die als wichtige Antriebskraft in der lebendigen Designerszene der Stadt wirkt. Im schön restaurierten gotischen Hauptgebäude werden regelmäßig Veranstaltungen (der Eintritt ist meistens frei) zu allen möglichen Aspekten des Design veranstaltet: Von Schmuck über Grafik bis zu industriellem Design.

Sant Pau del Camp W 6
- U-Bahn: Paral.lel
- Carrer Sant Pau 101
- Tel. 93 441 00 01
- Täglich 6–19.45 Uhr

Der gedrungene Turm von Barcelonas ältester Kirche ragt zwischen hohen Palmen empor. Als das vorwiegend romanische Bauwerk im 12. Jh. errichtet wurde, stand es auf einem offenen Feld.

Palau Güell C–D 5
- U-Bahn: Liceu
- Carrer Nou de la Rambla 3–5
- Tel. 93 317 39 74
- Führungen alle 15 Min.
- März bis Okt.: Mo bis Sa 10–18.15 Uhr, So 10–24.45 Uhr
- Sept. bis April: Mo bis Sa 10–17.45 Uhr, So geschlossen

In einer Seitenstraße der Rambles findet sich Gaudís erster ausgereifter Bau. Der 1886–90 erbaute Palast wurde vom Industriellen Eusebi Güell in Auftrag gegeben. Er ist reich dekoriert mit Materialien wie Keramik und Schmiedeeisen, vereinigt mittelalterliche und arabische Elemente und wird künstlerischen und funktionalen Ansprüchen gerecht. Der Höhepunkt ist das gewellte Dach, dessen Kamine mit Keramikscherben dekoriert sind. Diese Technik, *trencadis* genannt, kam mit den Mauren nach Spanien und hatte ihr triumphales Comeback unter Gaudí.

Museu Marítim C 5
- U-Bahn: Drassanes
- Avenida de les Drassanes
- Tel. 93 342 99 20
- Täglich 10–19 Uhr

Das Seefahrtsmuseum ist in einem bemerkenswerten Bau im Stil der katalanischen Gotik untergebracht, der Drassanes-Werft (13./14. Jh.). Unter riesigen Gewölben wurden die Schiffe gebaut, die Kataloniens Mittelmeerreich begründeten. Dokumentiert ist hier Barcelonas seefahrerische Vergangenheit; zu sehen sind Schiffsmodelle und eine originalgetreue Nachbildung der Königlichen Galeere. Das Flaggschiff des Heerführers und Prinzen Don Juan d'Austria nahm an der Schlacht von Lepanto (1571) teil, bei der die türkische Flotte vernichtend geschlagen wurde.

Das MACBA wartet mit faszinierender moderner Kunst auf.

Hafen

HAFEN

Mit dem Aufkommen der Containerschiffe in den 1960er- und 70er-Jahren musste ein größeres Meeresbecken gebaut werden, was zum Verfall des alten Hafens (Port Vell) führte. Die Entwicklung seit dieser Zeit – von der Neugestaltung der rund 3 km langen städtischen Küste bis zur Schaffung eines Hafenrestaurant-Komplexes für die Olympischen Spiele 1992 – grenzt an ein Wunder. Heute bildet die Gegend eines der lebendigsten Vergnügungs- und Freizeitareale Barcelonas. Und da die Strände sorgfältig gesäubert werden, kann man nur einen Steinwurf vom Zentrum entfernt im Meer baden.

Port Vell D 6
U-Bahn: Drassanes/Barceloneta
Der alte Hafen erstreckt sich direkt hinter dem Kolumbusdenkmal. Machen Sie eine Hafenrundfahrt in einer **Golondrina**; diese kleinen Boote starten von der Moll de la Fusta aus. Das wichtigste Resultat der Hafensanierung befindet sich auf der Moll d'Espanya, die man über einen schwimmenden Holzsteg, die **Rambla de Mar**, erreicht. Das **Maremàgnum**-Freizeitzentrum mit seinem spektakulären Eingangsbereich ganz aus Spiegeln bietet Geschäfte, Restaurants und Nachtklubs für jeden Geschmack. Dahinter schließt sich ein Aquarium der Superlative an, es folgen eine Kopie von Monturiols hölzernem U-Boot aus dem 19. Jh. und schließlich ein gewaltiges **IMAX**-Kino.

Aquàrium de Barcelona D 6
U-Bahn: Drassanes/Barceloneta
Moll d'Espanya, Port Vell
Tel. 93 221 74 74
Täglich 9.30–21 Uhr, Juni und Sept. bis 21.30 Uhr, Juli und August bis 23 Uhr
Zu Recht hat dieser in 21 Themenaquarien unterteilte Komplex den Ruf, zu den weltbesten Ausstellern mediterranen Unterwasserlebens zu gehören. Ein idealer Ort für Kinder. Der 80 m lange Haifischtunnel lässt sicher auch manchen Erwachsenen schaudern.

Museu d'Història de Catalunya D 5
U-Bahn: Barceloneta
Palau de Mar, Plaça de Pau Vila 3
Tel. 93 225 47 00
Di, Do, Fr, Sa 10–19 Uhr;
Mi 10–20 Uhr;
So und Feiertage 10–14.30 Uhr

Eine Seilbahn verbindet Port Vell mit dem Montjuïc.

Stadtbummel

Der riesige Palau de Mar, ein ehemaliges Lagerhaus, liegt gegenüber vom Port Vell. Es wurde in ein Prestigemuseum für Lokalgeschichte umgewandelt, das 1996 seine Tore öffnete. Die Ausstellung beginnt mit den iberischen Stämmen und wirft einen eindeutig katalanischen Blick auf die geschichtlichen Ereignisse bis in die heutige Zeit. Darunter sind einige interaktive Objekte, die es dem Besucher unter anderem erlauben, eine Rüstung anzulegen oder in einen Luftschutzkeller aus dem Bürgerkrieg hinabzusteigen. Im 4. Stock gibt es ein Café mit wunderbarer Terrasse und Blick auf Port Vell. Unter den Arkaden am Hafen kann man sich in einer Reihe von guten Fischrestaurants stärken.

Barceloneta D–E 6
: U-Bahn: Barceloneta
Barceloneta – »Kleinbarcelona« – wurde im 18. Jh. nach den Entwürfen des französischen Militäringenieurs Prosper Verboom errichtet. Er hatte schon den Bau der Zitadelle in La Ribera überwacht, und die neuen Mietshäuser an schnurgeraden Straßen waren für die aus La Ribera vertriebenen Bewohner gedacht. Mit seinen baufälligen Fassaden, kleinen Kneipen und der Wäsche, die vor den Fenstern zum Trocknen hängt, hat Barceloneta den urwüchsigen Charakter eines Arbeiterviertels beibehalten. Dieser Stadtteil mit Meeresanstoß ist auch stolz auf seine ausgezeichneten Fischrestaurants.

Port Olímpic E–F 6
: U-Bahn: Ciutadella-Vila Olímpica
Der Passeig Marítim ist eine Promenade, die am Meer entlang von Barceloneta bis zum neusten urbanistischen Großprojekt führt. Bis 1992 war diese Zone vom Rest der Stadt durch stillgelegte Fabriken und veraltete Bahngleise abgeschnitten. Doch für die Olympischen Spiele wurde sie mit atemberaubender Energie wieder belebt. 2000 Wohnungen hat man in der **Vila Olímpica** für die Athleten gebaut. Daneben entstand ein luxuriöser Jachthafen für die Segelwettbewerbe. Die Appartements sind jetzt in Privatbesitz. Der Jachthafen ist ein beliebter Treffpunkt für die Städter, die hierher kommen wegen der Bars, dem Nachtleben und den vielen Fischrestaurants. Direkt hinter dem Jachthafen stehen die höchsten Gebäude der Stadt, das Hotel Arts und die Torre Mapfre. In dem Freizeitkomplex daneben gibt es Geschäfte, das Gran Casino, und den Blickfang *Peix*, ein gigantischer Kupferfisch von Frank Gehry.

MONTJUÏC

Der breite Hügel westlich des Stadtzentrums wurde wegen seiner strategischen Lage jahrhundertelang vom Militär benutzt. Mehr als einmal griffen Madrids Könige Barcelona von oben her an, um die Bürger in Schach zu halten. Schon zur Römerzeit stand hier ein Tempel, und im Mittelalter befand sich ein jüdischer Friedhof auf dem Berg. Das führte unter Historikern zur Debatte, ob die Herkunft des Namens auf die Römer (Berg Jupiters) oder auf die Juden (Berg der Juden) zurückzuführen sei. Die Gegend war nie ein Wohnviertel, und es gibt wenige Restaurants. Aber man wird mit einigen der besten Museen und Ausblicken entschädigt. Für den steilen Aufstieg kann man auch die Zahnrad- oder Seilbahn benutzen, den Bus an der Plaça d'Espanya nehmen oder eine der Rolltreppen am Fuß des Palau Nacional.

Castell de Montjuïc/ Museu Militar B 6
U-Bahn: Paral.lel, dann Funicular oder Telefèric oder Bus 50
Parc de Montjuïc
Tel. 93 329 86 13
Mitte März bis Ende Okt.: Di bis So 9.30–19.30 Uhr; restliche Jahreszeit bis 16.30 Uhr

Die Festung belegt den südlichen Teil des Montjuïc und blickt auf Stadt und Meer. Die Anlage aus dem 17. Jh. hat eine blutige Geschichte. Sie war Folterkammer und Hinrichtungsstätte für Barcelonas Widerstandskämpfer von den Antibourbonen-Rebellen im Spanischen Erbfolgekrieg bis zu den Republikanern im Spanischen Bürgerkrieg in den 1930er-Jahren. Jetzt ist sie ein Militärmuseum mit einer umfangreichen Sammlung antiker Waffen, Spielzeugsoldaten und einer Bildergalerie von militärischen Persönlichkeiten und historischen Schlachten. Es gibt sogar ein Reiterstandbild von General Franco. Im Innenhof befindet sich ein Café, und von den Zinnen hat man einen wunderbaren Ausblick.

Fundació Joan Miró B 5
U-Bahn: Paral.lel, dann Funicular de Montjuïc oder Bus 50
Plaça Neptú, Parc de Montjuïc
Tel. 93 329 19 08
Juli bis Sept.: Di bis Sa 10–20, Do 10–21.30, So 10–14.30 Uhr
Okt. bis Juni: Di bis Sa 10–19, Do 10–21.30, So 10-14.30 Uhr
Mit der Gondelbahn kann man zurück zur Station des Funicular fahren. Von dort ist es nur ein kurzer Fußweg bis zu dieser schönen Galerie aus den 1970er-

Stadtbummel

Miró und Zeitgenossen des vielseitigen Künstlers kommen in der Fundació Joan Miró zu Ehren.

Jahren, die einzig zu dem Zweck gebaut wurde, die Werke des Barcelonesen Joan Miró (1893–1983) auszustellen. Die Sammlung umfasst Gemälde, Skulpturen und Wandteppiche und bietet die Gelegenheit, die für Miró typische Verschmelzung abstrakter und surrealistischer Kunst zu erleben. Daneben gibt es auch Arbeiten von Mirós Zeitgenossen wie Henry Moore, Matisse und Alexander Calder, dessen Skulptur *Merkurs Brunnen* erstmals während der Weltausstellung 1937 in Paris im Republikanischen Pavillon neben Picassos *Guernica* gezeigt wurde.

Museu Etnològic B 5
U-Bahn: Poble Sec
Passeig de Santa Madrona
Tel. 93 424 68 07
Di, Do 10–19, Mi, Fr bis So
10–14 Uhr; Mo geschlossen
Das Ethnologische Museum besitzt eine beeindruckende Sammlung nichteuropäischer Kunstwerke und Artefakte aus Südamerika, Indien, Japan und von Australiens Ureinwohnern.

Museu d'Arqueología B 5
U-Bahn: Poble Sec
Pass. de Santa Madrona 39–41
Tel. 93 424 65 77

Montjuïc

- Di bis Sa 9.30–19 Uhr,
- So 10–14 Uhr

Das Museum für Archäologie ist in einem der Gebäude der Weltausstellung von 1929 untergebracht. Gezeigt werden hauptsächlich Funde aus Katalonien, darunter Stücke aus der griechischen, römischen und westgotischen Epoche. Ferner gibt es auch eine interessante Abteilung mit karthagischem Schmuck und Skulpturen von den Balearen.

Anella Olímpica (Olympische Ringe) A 5

- U-Bahn: Paral.lel, dann Funicular de Montjuïc oder Bus 50

Das **Estadi Olímpic** mit der klassizistischen Fassade war für die Weltausstellung 1929 errichtet worden. Für die Olympischen Sommerspiele 1992 wurde es total renoviert und zum Herzstück der Großveranstaltung. Heute ist es das Heimstadion von Barcelonas Fußballmannschaft Espanyol.

Museu Nacional Art d'Catalunya (MNAC) B 4–5

- U-Bahn: Espanya, dann die Rolltreppen
- Palau Nacional
- Parc de Montjuïc
- Tel. 93 622 03 75
- Di bis Sa 10–19 Uhr,
- So 10–14.30 Uhr

Von jedem Punkt auf dem Montjuïc kann man den Palau Nacional sehen. Seine kunstvollen Türme und Kuppeln geben ihm das Aussehen eines kastilischen Prunkschlosses. Doch in Wirklichkeit handelt es sich um die Nachbildung eines Barockpalastes für die Weltausstellung 1929, der nach der Veranstaltung abgerissen werden sollte. Das Gebäude bekam eine Gnadenfrist, und heute haben darin sehenswerte Sammlungen ihren Platz gefunden. Die Höhepunkte sind zweifellos die Abteilungen Romanische Kunst und Gotik. Die herrlichen Altarbilder und Fresken wurden zu Beginn des 20. Jh. aus Kirchen in den katalanischen Pyrenäen gerettet. Großartig ist beispielsweise das Fresko des *Christus Pantokrator* aus der Kirche Sant Climent de Taüll aus dem 12. Jh. Im Vergleich dazu wirkt die gotische Sektion fast ein wenig blass, obwohl Werke von Bernat Martorell (1400–1452) und Jaime Huguet (1412–92) – beachten Sie dessen hervorragenden *Hl. Georg mit der Prinzessin* – dem goldenen Zeitalter der katalanischen Kultur mehr als gerecht werden.

Ende des Jahres 2004 sollen die Sammlungen des Museu d'Art Modern zum Millennium Katalonischer Kunst ins MNAC transferiert werden.

Stadtbummel

Font Màgica de Montjuïc B 4
- U-Bahn: Espanya
- Plaça d'Espanya
- Vorführungen: Mai bis Ende Sept. Do bis So 21.30, 22, 22.30, 23, 23.30 Uhr; Okt. bis Ende April: Fr bis So 19, 19.30, 20, 20.30 Uhr

Der Magische Brunnen ist ein weiteres bewundernswertes Relikt der Weltausstellung. Während des Spektakels erstrahlen feine Wasserschleier und kräftige Fontänen in rosa, türkis, rotem und weißem Licht. Wenn Sie Glück haben, geschieht dies mit Begleitmusik, die von Whitney-Houston-Songs bis zu Rodrigos *Concierto de Aranjuez* reicht.

CaixaForum A 4
- U-Bahn: Espanya
- Avenida Marqués de Comillas 6-8
- Tel. 93 476 86 00
- Di bis So 10–20 Uhr

Das prächtige modernistische Gebäude von Puig und Cadalfach beherbergt eine kleine, ausgewählte Sammlung zeitgenössischer Kunst, die von einer wichtigen Bank gesponsort wird. Die Dauerausstellung umfasst Werke von Le Witt, Schnabel und anderen internationalen und spanischen Künstlern wie z. B. Tápies. Das Gebäude selbst ist eine ehemalige Textilfabrik, die aufwändig renoviert wurde.

Pavelló Mies van der Rohe B 4
- U-Bahn: Espanya
- Avenida Marqués de Comillas
- Tel. 93 423 40 16
- Täglich 10–20 Uhr.

Der deutsche Beitrag zur Weltausstellung war dieser von Mies van der Rohe entworfene Pavillon, den man 1986 am

BARCELONA-CARD

Für Museums- und Kunstliebhaber lohnt sich die Barcelona-Card. Sie gewährt bis zu 50% Ermäßigung beim Besuch der wichtigsten Sehenswürdigkeiten und bietet interessante Verbilligungen in einigen Restaurants, Geschäften und Nachtklubs oder auf dem Tibidabo-Jahrmarkt, im Zoo, im Aquarium und bei den Golondrines-Hafenrundfahrten. Außerdem können damit alle Verkehrsmittel gratis benutzt werden; bei Fahrten mit dem Flughafen- und Touristenbus gibt es 15% Rabatt. Die Karte kostet 16.25 € für 1 Tag, 19.25 € für 2 Tage und 22.25 € für 3 Tage (Kinder von 6–15 zahlen 3 € ptas weniger). Man erhält sie im Hauptbüro der Touristeninformation an der Plaça de Catalunya oder in deren Zweigstellen im Rathaus (Ajuntament) in der Carrer de Ciutat, am Flughafen, im Bahnhof Barcelona-Sants oder in den Kaufhäusern El Corte Inglés.

Montjuïc

Der Nationalpalast beherbergt wertvolle Kunstsammlungen aus Kataloniens Vergangenheit.

ursprünglichen Standplatz wieder nachbaute. Unumstritten ist, dass die Reinheit der Linien und der unnachgiebige Rationalismus van der Rohes den Weg zur Moderne wiesen und damit eine Abwendung von Barcelonas überladenem Modernisme bedeuteten.

Poble Espanyol A 4
- U-Bahn: Espanya
- Avenida Marqués de Comillas
- Tel. 93 325 78 66
- Mo 9–20, Di bis Do 9–2, Fr und Sa 9–4, So 9–24 Uhr

Die Straße am Pavillon vorbei führt zu diesem außergewöhnlichen Ableger der Weltausstellung, der traditionelle Architekturstile des ganzen Landes zeigt. Durch die Nachbildung eines Stadttors von Àvila (12. Jh.) gelangt man auf die Plaza Mayor, den weitläufigen Hauptplatz mit rekonstruierten Häusern aus Kastilien und Aragon vom Mittelalter bis zur Renaissance. In den verwinkelten Gassen dahinter stehen andalusische Kirchen, Türme aus Zaragoza und charakteristische Gebäude aus allen Teilen Spaniens, die Souvenir- und Kunsthandwerksläden, Bars, Restaurants und sogar ein Internet-Café beherbergen.

Eixample und Gràcia

EIXAMPLE UND GRÀCIA

Bis in die 1860er-Jahre war jegliche Ausdehnung Barcelonas über die Stadtmauern hinaus von der Madrider Zentralregierung verboten. Nur ein holperiger Feldweg führte zum kleinen Dorf Gràcia und den dahinter liegenden Hügeln. Unter der liberalen Regierung Isabels II. wurden bauliche Restriktionen aufgehoben, was das Gesicht Barcelonas nachhaltig veränderte. Der Plan für die Stadterweiterung (auf Katalanisch *eixample*) war das Werk von Ildefons Cerdà, der den weitläufigen Raster von Achsenstraßen und Boulevards entwarf. Daraus entstand allmählich das Viertel Eixample in seiner heutigen Gestalt. Die eintönigen Wohnblocks werden durch einige schöne Bauten im Stil des Modernisme aufgelockert, und auch Gaudís unvollendetes Meisterstück, die berühmte Kirche Sagrada Família, steht hier. Der Stadtteil Gràcia hat seine dörfliche Atmosphäre bewahrt; dank seiner kleinen Plätze, Bars mit Lokalkolorit und Restaurants eignet er sich hervorragend für einen Bummel.

Das mit einem Aufzug erreichbare Dach von La Pedrera ist fast noch extravaganter als die Fassade.

Plaça de Catalunya D 4
U-Bahn: Catalunya
Dieser imposante Platz markiert die Grenze zwischen Altstadt und Eixample. Er wurde erst in den 1920er-Jahren vollendet und bildet heute die Drehscheibe des städtischen Verkehrs: U-Bahn, FGC und Züge, Flughafen- und Touristenbusse halten hier; außerdem gibt es ein gutes Fremdenverkehrsbüro. Der ganze Platz wird von recht fantasielosen monumentalen Gebäuden gesäumt. Das Warenhaus **El Corte Inglés** ist nicht nur ein nützlicher Orientierungspunkt, sondern ein guter, wenn auch nicht immer ganz billiger Ort zum Einkaufen. **El Triangle** in der Nr. 4 ist ein weiteres riesiges Ladenzentrum.

Passeig de Gràcia D 4
U-Bahn: Catalunya/ Passeig de Gràcia
Die alte Straße nach Gràcia erfuhr beim Bau des Eixample eine bemerkenswerte Umwandlung – sie wurde damals zu einem der elegantesten Boulevards in Europa. Der Passeig ist breit, mit Bäumen bestanden und hat eine Reihe von Straßencafés. Ein großartiger Ort zum Bummeln, in dessen Querstraßen zwischen Gran Via und Carrer d'Aragó der Besucher schicke Boutiquen und

Juweliergeschäfte entdeckt, während die Bauten Manzana de la Discòrdia und La Pedrera den Stil des Modernisme in reinster Form verkörpern. In der Nr. 96 finden Sie das bekannte Geschäft **Vinçon**, das Barcelonas Ruf als »Stadt des Designs« begründete und alles verkauft, womit man Haus und Garten verschönern kann.

Manzana de la Discòrdia D 3
- U-Bahn: Passeig de Gràcia
- Passeig de Gràcia 35–45

Der Name des Gebäudekomplexes direkt vor der Carrer d'Aragó spielt mit der Doppelbedeutung des Wortes *manzana* – Häuserblock und Apfel. Der »Zankapfel« heißt so wegen der stilistischen Unstimmigkeit von dreien der

MODERNISME IN BARCELONA

Das kulturelle Phänomen des *Modernisme* – das katalanische Pendant zum Jugendstil – blühte zwischen 1888 und 1910 und bezog sich auf alle Kunstrichtungen. Man kann modernistische Gemälde von Ramón Casas und Santiago Rusiñol im Museum für moderne Kunst sehen oder Gedichte dieser Stilrichtung von Joan Maragall lesen. Seinen frappierendsten Ausdruck fand der Modernisme jedoch in Barcelonas Baukunst. Vor allem drei geniale Architekten rückten während dieser Periode ins Blickfeld: Antoni Gaudí (1852–1926), Lluís Domènech i Montaner (1850–1923) und Josep Puig i Cadafalch (1867–1957). Charakteristisch für sie ist die eklektische Annäherung an den Stil und die virtuose Kombination von Materialien wie Schmiedeeisen, Keramik und Ziegeln. Sie strebten danach, mit ihren Gebäuden eine »organische« Wirkung zu erreichen, bei der jede Einzelheit, genau wie in der Natur, untrennbar mit dem Ganzen verbunden war. Und da die Natur gerade Linien verabscheut, schuf Gaudí wogende Fassaden und wellige Dachfirste, und Domènech schmückte seinen luxuriösen Palau de la Música Catalana mit verschlungenen Blumenmotiven. Der schöpferische Ausbruch des Modernisme war intensiv und relativ kurzlebig. Die Architekten waren von einigen reichen Gönnern abhängig, die bereit waren, ihre fantastischen Ideen zu bezahlen, und solche Kunden gab es am Ende des 19. Jh. zur Genüge. In jener Zeit des erneut auflodernden katalanischen Nationalismus wurden die Künstler durch die Idee beflügelt, dass ihre großartigen Projekte Teil einer kulturellen Wiedergeburt waren, wie sie Barcelona seit der glanzvollen Gotik nicht mehr gekannt hatte. Gegen 1910 hatten sich die Geschmäcker verändert, und der zurückhaltendere klassische Mittelmeerstil kam in Mode. Doch das Erbe des Modernisme ist in ganz Barcelona präsent. Insgesamt entstanden an die 2000 Gebäude, deren schönste den Betrachter noch fast 100 Jahre nach ihrer Entstehung überraschen und aufrütteln.

Eixample und Gràcia

Häuser. Sie wurden von den drei führenden Architekten des Modernisme entworfen und bilden eine Art Mikrokosmos der gesamten Bewegung. Die oberen Stockwerke sind gegenwärtig nicht zugänglich. An der Ecke Carrer de Consell de Cent steht Domènech i Montaners **Casa Lleó Morera** (Nr. 35). Das 1905 erbaute Haus hat eine reich geschmückte Fassade und maurisch beeinflusste Türmchen. Die **Casa Amatller** befindet sich ein paar Türen weiter (Nr. 41). Sie wurde 1898 von Puig i Cadafalch für den Schokoladenfabrikanten Antoni Amatller erstellt. Der spitze Stufengiebel erinnert an die flämische Renaissance, der überschwängliche Gebrauch bunter Keramikkacheln jedoch ist reinster katalanischer Modernisme. Demonstrativ überboten werden die beiden Gebäude von der **Casa Battló** (1906), einem Werk Gaudís. Die Casa Amatller beherbergt das neue **Centre de Modernisme**; hier bekommt man kostenlos einen Plan, auf der Barcelonas gesamtes Modernisme-Erbe eingetragen ist. Daneben kann man eine kombinierte Karte kaufen, die zum Eintritt zu mehreren wichtigen Gebäuden des Modernisme berechtigt, sowie eine Karte, die Sie auf Barcelonas »Ruta del Modernisme« begleiten wird.

Fundació Antoni Tàpies D 3
- U-Bahn: Passeig de Gràcia
- Carrer Arago 255
- Tel. 93 487 03 15
- Di bis So 10–20 Uhr

Biegt man nach links in die erste Querstraße ein, gelangt man zu dieser Galerie, die dem führenden zeitgenössischen katalanischen Maler und Bildhauer Antoni Tàpies gewidmet ist. Tàpies wurde 1923 in Barcelona geboren. Die Galerie ist in einem ehemaligen Verlagshaus untergebracht, das 1880 von Domènech i Montaner erbaut wurde. Die rote Backsteinfassade wird von einer Skulptur abgerundet, die an ein riesiges Stück Stacheldraht erinnert. Dies ist typisch für Tàpies' kühnes experimentelles und häufig politisch inspiriertes Werk.

La Pedrera (Casa Milà) D 3
- U-Bahn: Diagonal
- Passeig de Gràcia 92-C
- Tel. 93 484 59 95
- Täglich 10–20 Uhr

Dies ist eines von Gaudís bekanntesten Bauwerken. Von der geschwungenen Fassade zu den verschlungenen eisernen Balkongeländern scheint es keine einzige gerade Linie zu geben. Gaudí errichtete das Mietshaus im Auftrag des wohlhabenden Bauplaners Pere Milà, dessen

Namen es offiziell trägt. Im Volksmund dagegen wird es eher respektlos als »Steinbruch« (La Pedrera) bezeichnet. Mit dem Aufzug gelangt man in den Dachstuhl zur **Espai Gaudí**, einer informativen Ausstellung über das Werk des Architekten. Von dort aus sollte man auf das gewellte Dach hinaufsteigen, dessen extravagante Schornsteine und Ventilatoren mit ebenso großer künstlerischer Aufmerksamkeit bedacht wurden wie die anderen Teile des Hauses. Im Sommer verwandelt sich das Dach freitags und samstags von 21 Uhr bis Mitternacht in die spektakulärste Bar der Stadt.
Die **Pis de la Pedrera** im vierten Stock stellt die Nachbildung einer im Stil des Modernisme eingerichteten Wohnung dar.

Temple Expiatori de la Sagrada Família E 3

- U-Bahn: Sagrada Família
- Plaça Sagrada Família
- Carrer Mallorca 401
- Tel. 93 207 30 31
- Täglich April bis Sept.: 9–20 Uhr, Okt.–März: 9–18 Uhr

Der Bau der Kirche Sagrada Família (Heilige Familie) begann 1882, doch zwei Jahre später zog sich der Architekt von dem Projekt zurück, das anschließend von Antoni Gaudí übernommen wurde. Dieser arbeitete über 40 Jahre lang daran, und selbst bei seinem Tod stand das Gotteshaus noch weit vor seiner Vollendung.

In mancher Hinsicht kann dieses befremdende Werk als Beweis des fortdauernden Einflusses der katalanischen Gotik in Barcelona betrachtet werden. Da sind die bekannten Spitzbögen, Rosetten und hohen Türme. Und doch ist alles anders: Sieht man genauer hin, bemerkt man an den Türmen unzählige Verschnörkelungen und bunte Blumen; die Fialen enden in Fruchtbüscheln. Die Sagrada Família ist schlicht unvergleichlich.

An der Ostfassade (Jesu Geburt gewidmet) arbeitete Gaudí selbst am meisten. Der westliche Eingang durch die Passionsfassade wurde in den 1950er-Jahren fertig gestellt. In der Krypta gibt es ein den Bauarbeiten gewidmetes Museum. Man kann auch auf einen der Türme steigen und den herrlichen Blick über die Stadt genießen.

Alle Eintritte werden für die Bauarbeiten an der Sagrada Família verwendet, aber wie schon bei den großen gotischen Kathedralen scheint auch hier die Vollendung noch in weiter Ferne zu sein…

Gaudí ruht in der Krypta seiner unvollendeten Monumentalkirche.

Hospital Santa Creu i Sant Pau F 2–3

- U-Bahn: Hospital de Sant Pau
- Carrer S. Antoni Maria Claret 167
- Tel. 93 291 90 00
- Führungen: Sa und So (nach Vereinb. auch Do) 10–14 Uhr

Die baumbestandene Avenida Gaudí führt von der Kirche nordwärts zu einem weiteren Juwel des Modernisme, dem von Domènech i Montaner entworfenen Krankenhauskomplex, mit dessen Bau 1900 begonnen wurde. Es ist das profane Gegenstück zu Gaudís *Sagrada Família*. Der Komplex besteht aus 48 verschiedenen Pavillons, jeder mit einem anderen Grundriss, verschiedenen Mosaiken, Wandmalereien und Böden. Ursprünglich war das Ganze als Gartenstadt geplant. Dem Architekten ging es in erster Linie darum, die Patienten aufzuheitern. Die Pavillons sind (außer dem Haupteingang) streng genommen nicht zugänglich, aber niemand scheint etwas dagegen zu haben, wenn man diskret eine kleine Runde zwischen den Häusern dreht.

Gràcia D–E 1–2

- U-Bahn: Joanic/Fontana

Dieses einst unabhängige Dorf hat sich lange der Vereinnahmung durch Barcelona widersetzt. 1897 war das Schicksal schließlich unabwendbar. Die reizenden Straßen und Plätze scheinen jedoch noch heute in eine andere Stadt zu gehören. Die **Plaça de Ruis i Taulet** ist der ursprüngliche Dorfplatz mit einem großen Glockenturm, dem Rathaus und einer Menge Straßencafés. Von hier aus gelangt man geradeaus zur **Plaça del Sol**, einem lebendigen Ort mit einigen sehr beliebten Bars. Nur ein paar Schritte entfernt in nordöstlicher Richtung erwartet Sie an der **Plaça de la Virreina** die Kirche Sant Josep aus dem 17. Jh. Noch weiter nordöstlich liegt die **Plaça de Rovira i Trias**, benannt nach dem Architekten, dessen Pläne für das Eixample abgelehnt wurden. Eine Bronzestatue von ihm sitzt einsam auf einer Bank, die unbenutzten Pläne liegen vor ihm auf dem Pflaster verstreut. In der Carrer de les Carolines sieht man unverkennbar Gaudís Handschrift an der Fassade der **Casa Vicens**. Es handelt sich um ein relativ diskretes Frühwerk (1883–88), obwohl die maurischen Kacheln und der schmiedeeiserne Zaun schon die typische Überschwänglichkeit zeigen.

Parc Güell E 1

- U-Bahn: Lesseps
- Bus 24, 25

Eixample und Gràcia

- Carrer d'Olot
- Täglich 10 Uhr bis Sonnenuntergang

Eusebi Güell erwarb ein großes Gebiet auf einem Hügel nördlich von Gràcia mit der Absicht, dort eine Gartenstadt anzulegen, und betraute seinen Lieblingsarchitekten mit der Aufgabe. Gaudí begann 1900 mit der Arbeit, entwarf den Park, den Eingang und die öffentlichen Plätze. Aber bevor der Bau begann, ließ man das Projekt mangels Interessenten fallen. Vielleicht war Gaudís Entwurf seiner Zeit einfach zu sehr voraus. Hier stand er sicher auf dem Höhepunkt seines fantasievollen Schaffens. Die Pavillons am Eingang gleichen Knusperhäuschen. Von hier aus führt eine Treppe zu dem mit Keramik eingelegten Eidechsen-Brunnen; dahinter befindet sich ein Tempel mit 84 (teils schrägen) Säulen, die das Herzstück des Parks tragen: eine Terrasse wie aus einem Wunderland, an deren Rand eine breite wie eine Rüsche gekräuselte Bank entlangläuft, die wiederum mit *trencadis*, Keramikbruchstücken, belegt ist. Es überrascht nicht, dass dieser Ort zwei der berühmten katalanischen Surrealisten, Salvador Dalí und Joan Miró, in seinen Bann gezogen hat.

Glücklicherweise wurde Güells Kreation 1922 von der Stadt gekauft und den Einwohnern als öffentlicher Park zur Verfügung gestellt. Dieser zieht sich von der Terrasse noch weit den Hügel hinauf – eine reizende Gegend mit gewundenen Pfaden, schattigen Wäldchen und herrlichen Ausblicken.

Casa-Museu Gaudí E 1

- Bus 24, 25
- Parc Güell, Carretera del Carmel
- Tel. 93 219 38 11
- Täglich, April bis Sept: 10–20 Uhr, Okt. bis März 10–18 Uhr

Während er die Arbeiten am Park überwachte, wohnte Gaudí in einem kleinen Haus nahe bei der Terrasse. Darin befinden sich heute von Gaudí und seinem Assistenten Josep Maria Jujol entworfene Möbel sowie andere Andenken.

Museu del FC Barcelona A 1–2

- U-Bahn: Collblanc
- Nou Camp, Av. Arístides Maillol
- Tel. 93 496 36 00
- Mo bis Sa 10–18.30, So 10–14 Uhr

Wie ernst die Bacelonesen es mit dem Fußball nehmen, beweist allein schon die Größe des Heimstadions des FC Barcelona: Mit 120 000 Plätzen ist es das größte Stadion Europas! Der Klub ist einer im Weltfußball. In diesem Museum sind viele Trophäen und andere Memorabilien ausgestellt.

Domènech i Montaners Krankenhauskomplex Santa Creu i Sant Pau wurde nach dem Tod des Architekten von seinem Sohn Pere vollendet.

Museu de Ceràmica/Museu de les Arts Decoratives A 1

U-Bahn: Palau Reial
Palau Reial de Pedralbes,
Avenida Diagonal 686
Tel. 93 280 16 21
Di bis Sa 10–16 Uhr,
So bis 15 Uhr

Diese beiden Museen befinden sich inmitten eines hübschen Parks im Palau Reial aus dem frühen 20. Jh. Der Palast war ursprünglich für Gaudís Auftraggeber Eusebi Güell gedacht und erhielt das Attribut »Reial«, als König Alfonso XIII. ihn in den 1920er-Jahren erwarb. (Die Ställe und das Pförtnerhaus wurden von Gaudí entworfen; zu sehen ist jedoch nur das schmiedeeiserne Drachentor an der Avenida Pedralbes).

Das Keramikmuseum besitzt eine ausgezeichnete Sammlung alter Keramikkacheln, Schüsseln und Tafelgeschirr aus ganz Spanien, hübsch nach Regionen geordnet. Es gibt daneben aber auch einige moderne Arbeiten von Picasso und Miró.

Das benachbarte Museum für Angewandte Kunst ist auf Möbel und verschiedene Ziergegenstände vom frühen Mittelalter bis in die Zeit des Modernisme spezialisiert.

UMGEBUNG

Einige von Barcelonas unterhaltsamsten Sehenswürdigkeiten liegen in den Randbezirken. Die Anfahrt ist bereits ein Teil des Vergnügens, weil man die gesamte Palette der Verkehrsmittel – inklusive Bus, Seil- und Zahnradbahn, Zug und pittoresker alter Straßenbahn – benutzen muss.

Tibidabo
- FGC-Bahn zur Av. Tibidabo, dann Tramvia Blau und Zahnradbahn
- Tel. 93 211 79 42
- Im Sommer; Mo bis Do und So 12–22 Uhr, Fr bis 23 Uhr, Sa bis Mitternacht
- übrige Zeit eingeschränkt

Der Spaß beginnt schon mit der Tramvia Blau: Die »Blaue Straßenbahn« schaukelt Besucher bis zur Station der Zahnradbahn, die einen steil hinauf zum Tibidabo bringt. Mit 542 m ist dies der höchste Hügel Barcelonas, und an smogfreien Tagen ist der Blick großartig. Mit dieser Aussicht und den Worten *haec omnia tibi dabo* (»das alles werde ich dir geben«) führte angeblich der Teufel Jesus in Versuchung – daher soll auch der Name Tibidabo kommen.

Wenn man aussteigt, sieht man als erstes die 1940 fertig gestellte enorme **Basilika**. Es gibt einen Aufzug zum Dach mit weitem Blick. In der Nähe der Zahnradbahn befindet sich der Eingang zum **Freizeitpark**, der mit Karussells und allerlei Attraktionen winkt; dazu gehören ein Riesenrad, eine Achterbahn und das Hotel Kruger, eine Art Geisterhaus mit gruseligen Überraschungen.

Torre de Collserola
- Bus 211 ab Tibidabo
- Tel. 93 406 93 54
- Jan. bis März, Nov., Dez.: 11–18 Uhr; April, Mai, Oct.: 11–19 Uhr, Juni bis Sept.: 10–20 Uhr

Der 1992 von Norman Foster errichtete Telekommunikationsturm (288 m) übertrug die Olympischen Sommerspiele in alle Welt. Mit einem gläsernen Außenaufzug gelangt man zur Aussichtsterrasse in 115 m Höhe. Von hier schweift der Blick 70 km in die Ferne – zumindest an klaren Tagen.

Monestir de Pedralbes/ Col.lecció Thyssen-Bornemisza
- FGC-Bahn bis Reina Elisenda
- Biaxada del Monestir 9
- Tel. 93 280 14 34
- Di bis So 10–14 Uhr

Königin Elisenda, die Gemahlin Jaumes II., ließ 1326 dieses Kloster errichten. Bis heute lebt hier eine

Gemeinschaft von Nonnen. Direkt hinter dem Eingang kommt man in den dreistöckigen Kreuzgang, ein Schmuckstück katalanischer Gotik. Die Wände der Capella de Sant Miquel rechts davon sind mit Fresken bedeckt, die der Katalane Ferrer Bassa 1346 malte. Durch den Kreuzgang gelangt man auch in eine mittelalterliche Apotheke, den Speisesaal mit der Küche aus dem 15. Jh., das Renaissance-Spital und in das Kapitelhaus von 1419.

In einem ehemaligen Schlafsaal am anderen Ende ist ein Teil der von Spanien 1993 erworbenen Privatsammlung des Barons von Thyssen, **Col.lecció Thyssen-Bornemisza** untergebracht. Der größte Teil davon befindet sich in Madrid, aber in Pedralbes sind rund 80 Werke religiöser Kunst zu sehen, darunter schöne Renaissance-Gemälde von Andrea di Bartolo und Taddeo Gaddi, aber auch Werke bekannterer Maler wie Fra Angelico, Tizian, Veronese, Lukas Cranach und der Spanier Zurbarán und Velázquez.

Colònia Güell

FGC-Bahn bis Molí Nou
Santa Coloma de Cervelló
Tel. 93 630 58 07
Mo bis Sa 10–15 Uhr

Im Bestreben, die zunehmenden Arbeiterunruhen in Barcelona zu unterdrücken, sponserten einige Vertreter der reichen Elite Kolonien für Werktätige abseits des Stadtzentrums. Geplant waren katholische, konservative Gemeinschaften, in denen der Eigentümer einen »Miniatur-Wohlfahrtsstaat« für seine Arbeiter einrichten sollte. Im Gegenzug würden sich die Arbeiter – so hoffte man – ruhig verhalten.

Die Colònia Güell, eine Stoff produzierende Siedlung im Dorf Santa Coloma, war eine weitere von Eusebi Güells großen Ideen, die aber, wie schon die Gartenstadt in Barcelona (der spätere Park Güell), schließlich scheiterte. Doch bot sich auch hier für Antoni Gaudí die Gelegenheit, seine Ideen zu verwirklichen. Er entwarf die Kirche, von der allerdings nur die Krypta fertig gestellt wurde. Sie ist mit ihren gekrümmten Kirchenbänken, geneigten Säulen und einem großartigen Fächergewölbe aus rotem Backstein typisch surrealistisch und eine der technisch kühnsten und architektonisch »mystischsten« Konstruktionen Gaudís, denn es gibt keinerlei äußere Strebe- oder Stützpfeiler: Die riesigen Säulen und die Decke des Baus werden vielmehr durch die einzigartige, perfekt kalkulierte Spannung gehalten.

Ausflüge

AUSFLÜGE

Auf relativ kleinem Raum gibt es erstaunlich viel zu sehen oder zu tun. Man kann in den Hochpyrenäen wandern, sich an einem Strand der Costa Brava sonnen, Wein auf einem alten Rebgut verkosten – das alles innerhalb eines Radius' von 150 km um die Hauptstadt herum. Hier einige beliebte Ausflugsziele, die von Barcelona aus bequem mit dem Zug oder Bus erreichbar sind.

Girona

- RENFE-Zug ab den Bahnhöfen Barcelona-Sants und Passeig de Gràcia

Die größte Stadt in Nordkatalonien wurde von den Römern gegründet; ihre Lage auf einem Hügel am Onyr-Fluss machte sie zu einem perfekten Stützpunkt an der Straße von Frankreich in den Süden. In der Frühzeit war Girona mindestens ebenso bedeutend wie Barcelona, und heute findet man hinter den mittelalterlichen Stadtmauern noch einige schöne Gebäude aus dieser Epoche.

Zur Barockfassade der **Kathedrale** führt von der Plaça de la Catedral eine breite Treppenflucht hinauf. Die Kirche wurde bereits im 13. Jh. begonnen und besitzt ein gotisches Hauptschiff, das sich rühmen kann, eines der breitesten der Welt zu sein. Werfen Sie auch einen Blick in den romanischen Kreuzgang. Unterhalb der Kathedrale gelangen Sie zur Kirche **Sant Feliu**, deren gestutzter Turm das Ergebnis eines Blitzeinschlags im Jahre 1581 ist. Das Gotteshaus selbst vereint romanische, gotische und barocke Elemente. Nicht weit davon liegen die **Banys Àrabs** (Arabischen Bäder), die heute noch in Betrieb sind. Die Anlage stammt aus dem 12. Jh., wurde somit lange nach der arabischen Besetzung erbaut. Die Architekten ließen sich jedoch vom maurischen Stil beeinflussen. Südlich von der Plaça de la Catedral verläuft die Carrer de la Força durch das Call, Gironas mittelalterliches Judenviertel. Eine Ahnung, wie das Leben hier einst war, erhält man im **Centre Bonastruc Ça Porta**, einem Labyrinth aus Räumen und Stufen um einen Innenhof herum. Ein Aufstieg zum **Passeig Arqueològic** belohnt Sie mit einem weiten Blick über die Stadt. Von der begehbaren Befestigungsmauer ist die Sicht auf die Dächer und Kirchtürme besonders schön.

Figueres

- RENFE-Zug ab den Bahnhöfen Barcelona-Sants und Passeig de Gràcia

Ausflüge

Teatre-Museu Dalí: Juli bis Sept.: täglich 9–19.45 Uhr; Okt. bis Juni: Di bis So 10.30-17.45 Uhr
An Feiertagen montags geöffnet
Tel. 972 67 75 00

Die kleine Stadt dient als geschäftige Drehscheibe für die nördliche Costa Brava. Hier findet man eine lebhafte **Rambla**, das **Castell de Sant Ferran** aus dem 18. Jh. und das **Museu de l'Empordà** mit einer archäologischen sowie einer Sammlung katalanischer Kunst. Doch all das würde kaum beachtet, wäre es nicht zugleich der Geburtsort des großen surrealistischen Malers Salvador Dalí (1904–89).

Das **Teatre-Museu Dalí** wurde vom Künstler selbst als Denkmal für seine fantastische Vision der Welt geschaffen und ist durch und durch skurril – von den riesigen Dalí'schen Eiern auf den Außenmauern bis hin zu den eigenartigen Installationen im Innern. Ausgestellt sind Bilder aus allen Schaffensperioden des Meisters, darunter so typische, entnervende Herausforderungen der Normalität wie das *Selbstporträt mit Frühstücksspeck*. Die *Sala de Mae West* ist ein ganzer als Bildnis der Hollywood Schauspielerin gestalteter Raum: Ihre Lippen als Sofa, die Nase als Kamine und so weiter... Als Höhepunkt der Exzentrik wurde Dalí nach seinem Tod im eigenen Museum bestattet.

Montserrat

FGC-Bahn von Plaça Catalunya bis Aeri de Montserrat, dann Seilbahn
Fremdenverkehrsamt
Tel. 93 877 77 77
Basilika: täglich 8–10.30 und 12–18.30 Uhr, Sa und So: 7.30–20.15 Uhr
Museu de Montserrat: Mo bis Sa 10–18; So 9.30–18.30 Uhr

Montserrat liegt 40 km nordwestlich von Barcelona. Sein Name – übersetzt »zersägter Berg« – beschreibt treffend das Aussehen dieses 1200 m hohen zerklüfteten Felsens. Der Legende nach wurde die verloren gegangene Statue der von Petrus nach Spanien gebrachten Schwarzen Madonna hier entdeckt. Weil sie aber auf wundersame Weise nicht aus dem Stein entfernt werden konnte, baute man sie herum eine Benediktinerabtei.

Die heutige, nur mit einer Seilbahn erreichbare Basilika hoch oben am Berghang stammt aus dem 16. Jh. Da sie 1813 von den napoleonischen Truppen stark beschädigt wurde, mussten große Teile neu aufgebaut werden. Montserrat ist ein herausragender

Ausflüge

Wallfahrtsort und gilt als das spirituelle Herz Kataloniens. Seine geistliche Bedeutung bewahrte das Kloster stets vor der Abhängigkeit von Madrid, und die Mönche behielten Katalanisch als Unterrichtssprache bei – sogar während des Franco-Regimes. Die Statue der **Schwarzen Madonna** steht über dem Hochaltar der Basilika, zu dem man durch eine Tür rechts vom Haupteingang gelangt. Wenn möglich, sollten Sie das *Salve Regina* nicht verpassen, das täglich um 13 Uhr und zur Vesper um 17 Uhr von dem berühmten **Montserrat Knabenchor** gesungen wird. In einem Abteigebäude nebenan ist das **Museu de Montserrat** untergebracht. Es besitzt eine interessante Sammlung mit archäologischen Funden, religiösen Artefakten sowie Gemälden und Skulpturen von El Greco, Caravaggio, Picasso, Dalí und anderen katalanischen Künstlern. Ein weiterer Höhepunkt sind die malerischen Spaziergänge, die man vom Kloster aus unternehmen kann, und die schönen Ausblicke auf die Umgebung. Mit der Seilbahn gelangen Sie noch höher hinauf zur Sant Joans Ermitage. Ein flotter Marsch von einer Stunde führt nach **Sant Jeroni** in der Nähe des Gipfels.

Alt Penedès
RENFE-Zug ab den Bahnhöfen Barcelona-Sants oder Plaça Catalunya bis Sant Sadurni und Vilafranca
Bodegues Torres:
Mo bis Sa 9–17, So 9–13 Uhr, Tel. 93 817 74 87
Caves Codorníu: Führungen Mo bis Fr 9–17 Uhr, Sa und So 9–13 Uhr, Tel. 93 818 32 32
Fremdenverkehrsbüro:
Sant Sadurni d'Anoia, Plaça de l'Ajuntament 1, baixos;
Tel. 93 891 12 12
Vilafranca del Penedès, Carrer Cort 14; Tel. 93 892 03 58

Alt Penedès, nur 50 km westlich von Barcelona, ist Kataloniens produktivstes Weinanbaugebiet. Von hier kommen einige der besten Rot- und Weißweine, und hier wird auch der *cava* hergestellt, Spaniens Champagner-Version. Wenn Sie Rebgüter besuchen möchten, ist es ratsam, dies mit dem eigenen Wagen zu tun.
Die wichtigste Stadt der Region ist **Vilafranca del Penedès**, wo man im Museu del Vi auf unterhaltsame Weise einige rudimentäre Kenntnisse in der katalanischen Weinproduktion erwerben kann. Immer zur Erntezeit – der Hauptanlass findet am ersten Oktobersonntag statt – zelebriert Vilafranca ein Winzerfest.

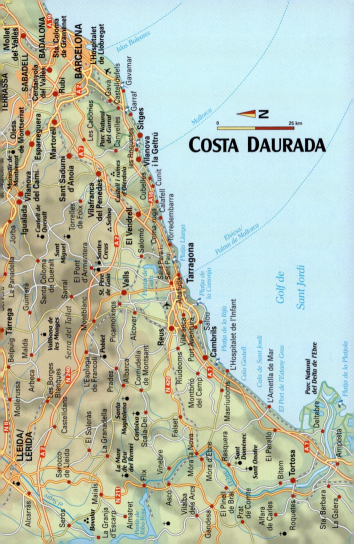

Ausflüge

Bodegues Torres etwas weiter nordwestlich ist der führende Weinproduzent der ganzen Gegend. Falls Sie Lust haben auf einen Schluck *cava*, fahren Sie nach **Sant Sadurni d'Anoia**. Die Rebberge hier erbringen fast die gesamte Schaumwein-Produktion des Landes. Ein Besuch der **Caves Cordoníu** etwas außerhalb der Stadt lohnt sich – nicht nur wegen des Verkostens. Das Hauptgebäude ist eine Modernisme-Arbeit von Puig i Cadafalch aus dem späten 19. Jh. Weitere Informationen über private Weingüter und Besuchszeiten erhalten Sie bei den Verkehrsbüros der beiden Städte.

Sitges
- RENFE-Zug ab den Bahnhöfen Barcelona-Sants und Passeig de Gràcia
- Museen: im Sommer Di bis So 10–21 Uhr, eingeschränkte Öffnungszeiten im Winter

Sitges, eines der lebhaftesten spanischen Seebäder am Mittelmeer, liegt 40 km südlich von Barcelona an der Costa Daurada und ist besonders bekannt für sein turbulentes Nachtleben. Die Welt wurde in den 1890er-Jahren zum ersten Mal auf den Ort aufmerksam, als der Modernisme-Maler Santiago Rusiñol hier ein Studio einrichtete; ihm folgten bald weitere Mitglieder aus Barcelonas Kunstszene. Die zweite Bekanntheitswelle kam in den 1960er-Jahren, als Sitges seine heutige Berühmtheit als hedonistische Party-Stadt erlangte. Am Tag konzentriert sich das Leben an den Sandstränden. Bei einem Spaziergang entlang der Promenade **Passeig Marítim** kann man einen Blick auf das Gewimmel werfen. Wenn es am Strand zu heiß wird, gibt es auch in der Stadt eine Menge zu sehen. Am Ende des Passeig steht die Barockkirche **Sant Bartomeu i Santa Tecla** aus dem 17. Jh. Nicht weit davon verläuft eine Straße mit schönen alten weiß getünchten Häusern. In der Carrer Fonollar befindet sich in Rusiñols ehemaligem Atelier das **Museu Cau Ferrat**. Es zeigt mehrere Bilder des Künstlers, ein Auswahl Zeichnungen und andere von ihm gesammelte Kunstobjekte. Im **Museu Maricel del Mar** nebenan sind Werke aus verschiedensten Epochen, beginnend beim Mittelalter, ausgestellt, zudem eine schöne katalanische Keramiksammlung.

Tarragona
- RENFE-Zug ab den Bahnhöfen Barcelona-Sants und Passeig de Gràcia

Ausflüge

Die Stadt Tarragona wurde im 3. Jh. v. Chr. von den Römern auf einem Hügel gegründet und war ihre wichtigste Siedlung in diesem Teil Spaniens. Deshalb gibt es hier auch mehr Überreste von römischen Bauwerken als in Barcelona. Unterhalb des Zentrums, nicht weit vom Meer, gelangt man zum **Amphitheater**, einst Austragungsort für Gladiatorenkämpfe, und zum **Circ Roma**, wo die Wagenrennen stattfanden. Das **Museu Nacional Arqueològic** am südlichen Stadtrand zeigt eine reiche Sammlung römischer Funde, darunter eine Reihe herrlicher Mosaiken. Mit der Eintrittskarte kann man auch die **Necropolis** ein wenig weiter westlich besichtigen. Das Zentrum von Tarragona besteht aus einem faszinierenden Gewirr mittelalterlicher Gassen mit Häusern, deren Bausteine zum Teil noch von römischen Gebäuden stammen. Die Durchgänge führen zu der **Catedral** aus dem 12./13. Jh., deren eindrucksvolle Fassade einen mühelosen Übergang von der Romanik zur Gotik zeigt. Dies wiederholt sich im Kreuzgang der Kathedrale mit gotischen Bogen und romanischen Kapitellen. Vom Gotteshaus aus kann man zum **Passeig Arqueològic** spazieren, der schöne Ausblicke auf Meer und Stadt gewährt. Er verläuft zwischen den römischen Befestigungsmauern und denen, die viel später von den Briten im Spanischen Erbfolgekrieg errichtet wurden.

Port Aventura

RENFE-Zug ab den Bahnhöfen Barcelona-Sants und Passeig de Gràcia

Information Tel. 902 20 22 20

Ganz in der Nähe des Ferienortes Salou befindet sich auf einem Gelände von 100 ha der 1995 von den Universal Studios eröffnete erste große Themenpark Spaniens. Er besitzt eine Reihe einmaliger Attraktionen, darunter den berühmten Dragon Khan, Europas größte Achterbahn. Der Park bietet nicht nur Spaß, sondern auch Aktivitäten in einer Mischung von kultureller Information und Spitzentechnologie. Er besteht aus verschiedenen »Dörfern«, die den Wilden Westen, Polynesien, China, das Mittelmeer und Mexiko darstellen, jedes mit Rundfahrten, Vorführungen und Restaurants. Ein kleiner Zug bringt Sie von einem Dorf zum anderen. Höhepunkte sind die Achterbahn in China, die Stromschnellen im Wilden Westen, die Unterwasserwelt in Polynesien, die Maya-Ruinen in Mexiko und ein typisches Essen in einem Mittelmeer-Fischerdorf.

Essen und Trinken

Die Restaurants in Barcelona sind im Allgemeinen recht preiswert; zur Auswahl steht die ganze Palette, von kleinen Tavernen bis hin zu schicken Hotels. Zu Mittag empfiehlt sich das 2- oder 3-gängige Tagesmenü, *menú del dia*, inklusive Wein und Brot, das die meisten Lokale zu einem erstaunlich günstigen Preis anbieten. Die folgenden Empfehlungen sind mit dem €-Zeichen versehen, um Ihnen einen Anhaltspunkt zu geben, wieviel Sie pro Person für ein 3-gängiges Abendessen ohne Getränke einkalkulieren müssen.   € – preiswert
€€ – 20–30 Euros
€€€ – über 30 Euros

RAMBLES & CIUTAT VELLA

Can Culleretes
U-Bahn: Liceu
Carrer Quintana 5
Tel. 93 317 30 22
Di bis Sa 13.30–16, 21–23 Uhr,
So 13.30–16 Uhr
Barcelonas ältestes Speiselokal von 1786. Einzigartige traditionelle Speisen. Sensationell ist der in Olivenöl geschmorte, mit Pinienkernen, Speck, Rosinen und Knoblauch angereicherte Spinat, *espinacs a la catalana*. Die Weine sind preiswert. €€

Los Caracoles
U-Bahn: Dressanes
Carrer Escudellers 14
Tel. 93 302 31 85
Täglich 13–24 Uhr

So etwas wie eine Institution im gotischen Viertel, die man nicht verpassen kann: Folgen Sie einfach dem Geruch von gegrillten Hähnchen. Die werden nämlich an der Hausecke auf Spießen zubereitet; auch gute Meeresfrüchte, Schnecken. €€

Comme Bio
U-Bahn: Jaume I
Via Laitana 28
Tel. 93 319 89 68
Täglich 13–16 und 20–23 Uhr
Vegetarisches Restaurant mit einem Take-away-Service, einem Reformhaus und einer Kaffee- und Fruchtsaftbar. Mittags Gerichte mit Salatbuffet nach Belieben. €–€€

El Gran Café
U-Bahn: Liceu, Jaume I
Carrer Avinyó 9

Essen und Trinken

Tel. 93 318 79 86
Mo bis Sa 13–16.30 und
20–0.30 Uhr
Eines der wenigen Restaurants aus der Zeit der Jahrhundertwende. Schöner Speisesaal und gutes Preis-Leistungs-Verhältnis. Klaviermusik live jeden Abend ab 21.30 Uhr. €€

La Locanda
U-Bahn: Urquinaona
Dr. Joaquim Pou 4
Tel. 93 317 46 09
Di bis So 13.30–16.30,
19.30–0.30 Uhr
Neuzeitliche italienische Spezialitäten-Küche mit sonst kaum erhältlichen Gerichten wie Mailänder Risotto, Rinds- oder Tunfischcarpaccio. €€

Mesón David
U-Bahn: Paral.lel
Carrer Carretes 63
Tel. 93 441 59 34
Täglich außer Mi 13–17 und
20–24 Uhr
Restaurant im Barrio Chino, das am Samstagabend gut besucht ist. Beliebt für Geburtstagsfeste und die letzte Frauenparty vor der Hochzeit. Sie brauchen einen guten Appetit und Sinn für Humor. €

Pla
U-Bahn: Liceu, Jaume I
Carrer Bellafila 5
Tel. 93 412 65 52
Täglich 21–24 Uhr
Regionale Küche mit Einflüssen aus Asien und Nahem Osten. Angenehmes Ambiente. €€–€€€

Polenta
U-Bahn: Jaume I
Carrer Ample 51
Tel. 93 268 14 29
Täglich 13–16 und 19–24 Uhr
Frische Saisonküche mit asiatischem Einfluss. Die schicke Innenausstattung ist das Werk eines lokalen Künstlers. €€

Els Quatre Gats
U-Bahn: Catalunya/Urquinaona
Carrer Montsió 3bis
Tel. 93 302 41 40
Mo bis Sa 13–1, So 18–1 Uhr
Ein Modernisme-Wahrzeichen, erbaut von Puig i Cadalfalch. Im Restaurant speisten schon Künstler wie Ramon Casas und Santiago Rusiñol. Picasso entwarf den Speisekartenumschlag. Vorne ist eine Kaffeebar (mit längeren Öffnungszeiten), hinten ein gutes katalanisches Restaurant. €€–€€€

Les Quinze Nits
U-Bahn: Liceu
Plaça Reial 6
Tel. 93 317 30 75
Täglich 13–15.45, 20.30–23.30 Uhr

»Modernisierte« katalanische und spanische Gerichte. Sehr beliebt bei Einheimischen. Reservierung nicht möglich; damit man nicht warten muss, sollte man früh da sein. €€

El Salón
- U-Bahn: Jaume I
- Carrer Hostal d'en Sol 6–8
- Tel. 93 315 21 59
- Mo bis Sa 14–16, 21–24 Uhr

Stilvolle Ausstattung und köstliche Küche mit französischem Einschlag. Reservierung empfohlen. €€

Senyor Parellada
- U-Bahn: Jaume I
- Carrer Argenteria 37
- Tel. 93 310 50 94
- Täglich 13–15.45 und 20.30–23.45 Uhr

Beliebt in literarischen und Medienkreisen, wurde kürzlich renoviert. Zeitgenössische katalanische Küche. Reservierung nicht möglich; um Warteschlangen zu vermeiden, sollte man früh kommen. €€

Shunka
- U-Bahn: Jaume I, Urquinaona
- Carrer Sagristans 5
- Tel. 93 412 49 91
- Di bis So 13.30–15.30 (Sa, So bis 16 Uhr), 20.30–23.30 Uhr.

Japanische Delikatessen von bester Qualität zu vernünftigen Preisen. Zen-Dekor. Gleich neben der Kathedrale. €€–€€€

EL RAVAL

La Gardunya
- U-Bahn: Liceu
- Carrer Jerusalem 18
- Tel. 93 302 43 23

DIE SPEISEKARTE

Mittag- und Abendessen beginnen in Barcelona später und dauern länger als in den meisten anderen Geschäfts-Metropolen. Es gibt eine hervorragende, große Auswahl an Restaurants mit internationaler und spanischer Küche. Kosten Sie aber unbedingt auch die schmackhaften echt katalanischen Spezialitäten. Beliebte Zutaten sind Fisch und Fleisch in einer der berühmten Saucen wie *sofregit* aus Zwiebeln, Tomaten und Knoblauch; *samfaina* aus Tomaten, Zwiebeln, Knoblauch, Paprika und Auberginen; *picada* mit gemahlenen Mandeln, zerstoßenen Pinienkernen oder Haselnüssen, Knoblauch, Petersilie und Brotbrösel; und *all i oli*, frische Knoblauchmayonnaise. Katalanen essen auch gern üppige Salate, ferner *botifarra*-Schweinswurst mit weißen Bohnen oder – als beliebte Zwischenmahlzeit – *pa amb tomàquet*, mit Tomaten eingeriebenes Brot.

Essen und Trinken

Täglich 13–16, 20–24 Uhr
Sonntagabend geschlossen
Dieses Restaurant hinten im Boqueria-Markt ist wegen seiner absolut frischen Zutaten sehr beliebt. Besonders schmackhaft sind die Paellas. €€–€€€

Kasparo
U-Bahn: Catalunya
Plaça Vincenç Matorell 4
Tel. 93 302 20 72
Täglich 9–22 Uhr (im Sommer bis 24 Uhr), im Januar geschlossen
Auf einem schönen Platz gelegenes, von zwei Australierinnen geführtes Lokal, das dank seiner frischen Teigwaren, Salate und fantasievollen Sandwiches eines der beliebtesten des Viertels ist. €

La Llotja de les Drassanes Reials
U-Bahn: Drassanes
Av. Drassanes
Tel. 93 302 64 02
Täglich 13.30–15.30 Uhr,
Fr und Sa auch 21–23.30 Uhr
Im Hof des Museums Marítim gelegen. Typische katalanische Gerichte, verfeinert mit originellen Saucen und Beilagen. Schöne Terrasse. €€

Mamà Café
U-Bahn: Catalunya, Liceu
Carrer Doctor Dou 10
Tel. 93 301 29 40
Mo bis Sa 13–1 Uhr
Das im Herzen des Raval-Viertels gelegene Café serviert gesunde, kreative und exotische Gerichte mit frischen Zutaten vom nahen Mercat de la Boqueria. Modische, aber angenehme Ausstattung. €€

Silenus
U-Bahn: Catalunya
Carrer dels Angels 8
Tel. 93 302 26 80
Mo bis Sa 13–16 und 20.30–23.30 Uhr
Trendiges Restaurant nicht weit von der MACBA-Galerie mit anspruchsvoller katalanisch-spanischer Speisekarte. €€

HAFEN

Agua
U-Bahn: Ciutadella-Vila Olímpica
Pg. Marítim de la Barceloneta 30
Tel. 93 225 12 72
Mo bis Fr 13.30–16 und 20.30–0.30 Uhr; Sa, So 13.30–17 und 20.30–1.30 Uhr
Die beste Adresse in der Gegend des Olympischen Dorfes. Gutes Restaurant mit schönem Blick aufs Meer. Innovative Fischgerichte. €€

Can Ros
U-Bahn: Barceloneta
Carrer Almirall Aixada 7

Lust auf ein Sandwich? – Beim Bocadillos-Zeichen sind Sie richtig.

Tel. 93 221 45 79
Täglich (außer Mittwoch)
13–16.30 und 20–23.30 Uhr
Ausgezeichnetes Fischlokal in Barceloneta, sehr gute Paella und schmackhafter *arrós negre* (Reis in Tintenfisch-Sud gekocht). €€

Passadís del Pep
U-Bahn: Barceloneta
Plaça del Palau 2
Tel. 93 310 10 21
Mo bis Sa 13.30–15.30,
21–23.30 Uhr
Das Restaurant der Stadt, das wohl am schwierigsten zu finden ist (der Eingang wird von einer Bank versteckt). Hier bekommt man garantiert ganz frischen Fisch. Wenn die Preise Sie abschrecken, versuchen Sie die Tapas-Bar Cal Pep auf der anderen Seite des Platzes, die den gleichen Besitzern gehört. €€€

Els Pescadores
U-Bahn: Poble Nou
Plaça Prim 1
Tel. 93 225 20 18
Täglich 13–15.45 und 20–24 Uhr
An einem hübschen Platz im ehemaligen Fischerdorf Poble Nou gelegen. Wunderbar frischer Fisch nach bester katalanischer Art. €€

Essen und Trinken

Ruccola
- U-Bahn: Drassanes
- World Trade Center, Moll de Barcelona
- Tel. 93 508 82 68
- Täglich 13.30–16 Uhr und 20.30–24 Uhr
- (Sonntag abends geschlossen)

Blick auf den Hafen. Fleisch- und Fischgerichte mit italienischem Einfluss, schön präsentiert für Feinschmecker. €€–€€€

Set Portes
- U-Bahn: Barceloneta
- Passeig Isabel II 14
- Tel. 93 319 30 33
- Täglich 13–1 Uhr

Ein vornehmes Restaurant, das sich seit seiner Eröffnung 1836 kaum verändert hat. Das Set Portes (»Sieben Türen«) hat eine umfangreiche Speisekarte und eine jeden Hunger stillende Auswahl an Paellas. Bei Einheimischen und Touristen gleichermaßen beliebt. Am Abend Reservierung empfehlenswert. €€–€€€

MONTJUÏC

La Bodegueta
- U-Bahn: Poble Sec
- Carrer Blai 47
- Tel. 93 442 08 46
- Mi bis So 13.30–16 Uhr,
- Di bis So 20.30–24 Uhr

Dieses typische Restaurant mit rot karierten Tischdecken und Weinfässern entlang den Wänden serviert großartige *escalivada*, ein Gemisch aus Auberginen, roten Paprika und Zwiebeln auf einer dicken Scheibe Brot. €

Bar Primavera
- U-Bahn: Paral.lel
- Carrer Nou de la Rambla 192
- Tel. 93 329 30 62
- Di bis So 8.15–21 Uhr
- (im Winter weniger lange)

Da es auf dem Montjuïc nur wenige Cafés und Restaurants gibt, ist dieses Lokal sehr beliebt. Wer den Aufstieg zu Fuß macht, wird für die schattige Terrasse kurz vor dem Gipfel dankbar sein… €

Elche
- U-Bahn: Paral.lel
- Carrer Vila i Vila 71
- Tel. 93 441 30 89
- Tägl. 13–16.30 und 20–24 Uhr

Der Paella-Spezialist – von der Variante aus Valencia (mit Meeresfrüchten) zur katalanischen Version mit Fleisch. Auch vegetarische Reisgerichte. €

Museu Nacional Art d'Catalunya Café
- U-Bahn: Espanya, dann Rolltreppen
- Palau Nacional

Essen und Trinken

Tel. 93 225 50 07
Di–Mi 9–19 Uhr, Do–Sa 9–23 Uhr, So 10–12 Uhr
Im eleganten ovalen Zimmer des Palau Nacional. Gute Sandwiches, aber auch eine Speisekarte und ein Tagesmenü ziehen zur Mittagszeit viele Museumsbesucher an. €–€€

EIXAMPLE & GRÀCIA

Botafumeiro
U-Bahn: Fontana
Carrer Gran de Gràcia 81
Tel. 93 218 42 30
Täglich 13–1 Uhr
Barcelonas Topadresse für Meeresfrüchte. Die Preise sind entsprechend. €€€

Cantina Mexicana II
U-Bahn: Joanic/Fontana
Carrer Torrent de les Flors 53
Tel. 93 213 10 18
Mo–Sa 13–16 und 20–1 Uhr, So 20–0.30 Uhr
Das beste mexikanische Restaurant der Stadt. Probieren Sie *mole* oder herzhafte *sopa malpeña*; dazu trinkt man *margarita*. €–€€

Casa Calvet
U-Bahn: Urquinaona
Carrer Casp 48
Tel. 93 412 40 12
Mo–Sa 13–16 und 20.30–23. 30 Uhr
In einem der ersten Gebäude von Gaudí. Dank der Liebe zum Detail – von Kristallgläsern zu prächtigem Geschirr und luxuriösem Rahmen – und einer ausgezeichneten Küche gilt dieses Lokal als eines der feinsten der Stadt. €€

Damasco
U-Bahn: Fontana
Carrer Torrent de l'Olla 99
Tel. 93 218 34 98
Di–So 20.30–24 Uhr
Im Stadtteil Gràcia gibt es mehrere nahöstliche Lokale, und dieses ist besonders zu empfehlen. Beginnen Sie mit einem gut gewürzten Auberginensalat, und probieren Sie dann das in Rosenwasser gegarte Hühnchen, die Spezialität des Hauses. €

El Glop
U-Bahn: Fontana/Joanic
Carrer St. Luis 24
Tel. 93 213 70 58
Täglich 13–17 und 20–1 Uhr
Diese heitere, sehr beliebte Taverne ist auf Fleisch spezialisiert, das auf dem Holzkohlegrill zubereitet wird. Außerdem eine gute Adresse für *torrades*, die getoastete Version von *pa amb tomàquet*. Weitere Filialen gibt es auf der Rambla de Catalunya Nr. 65 und in der Carrer Casp 21. €–€€

Essen und Trinken

La Muscleria
- U-Bahn: Verdaguer
- Carrer Mallorca 290
- Tel. 93 458 98 44
- Mo–Sa 13–16 Uhr und 20.30–0.30 Uhr

Auf wie viele Arten lassen sich Muscheln zubereiten? Auf über 30, laut diesem originellen Restaurant, das sich auf das köstliche Schaltier spezialisiert hat. Alle Gerichte werden mit Salat und Pommes frites serviert. Wer sich nichts aus Meeresfrüchten macht, kann aber auch Fleisch bestellen. €€

Tèxtil Café
- U-Bahn: Jaume I; bus 17, 40, 45
- Montcada 12–14
- Tel. 93 268 25 98
- Di–So 10–24 Uhr

Das Lokal befindet sich neben dem Picasso-Museum, im Hof eines Palastes aus dem 14. Jh., der heute das Museu Textil beherbergt. Teigwaren, Couscous und Salate. Ideal für einen kleinen Imbiss oder ein größeres Essen. €

Tragaluz
- U-Bahn: Diagonal
- Passatge de la Concepció 5
- Tel. 93 487 01 96
- Täglich 13.30–16, 20.30–24 Uhr (Mi bis So –1Uhr)

Hervorragende Mittelmeerküche in noblem Ambiente. €€–€€€

UMGEBUNG

Can Travi Nou
- U-Bahn: Horta
- Carrer Jorge Manrique
- Tel. 93 428 03 01
- Mo bis Sa 13.30–16 und 20.30–23 Uhr, So 13.30–16 Uhr

Traditionelle katalanische Speisen, in einer prachtvollen *masia* (Bauernhaus) serviert. Im Sommer kann man einen Tisch im Garten reservieren. €€–€€€

Neichel
- U-Bahn: Maria Cristina
- Carrer Beltrán I Rózpide 16bis
- Tel. 93 203 84 08
- Di bis Sa 13.30–16 und 20.30–22.30 Uhr

Kreative Mittelmeerküche mit starkem französischem Einschlag. €€

La Venta
- FGC-Bahn: Tibidabo, dann Tramvia Blau
- Plaça Doctor Andreu 1
- Tel. 93 212 64 55
- Mo bis Sa 13.30–15.15 und 21–23.15 Uhr

Das Restaurant befindet sich bei der Seilbahn zum Tibidabo und ist wohl die letzte Gelegenheit gut zu speisen, bevor Sie in die Fastfood-Welt des Rummelplatzes eintauchen. €€–€€€

Unterhaltung

Von der Oper auf den Rambles bis zur Raver-Szene in Raval bietet Barcelona Unterhaltung für jeden Geschmack. Einzelheiten finden Sie im Wochenmagazin *Guía del Ocio*, in der monatlich erscheinenden Broschüre *Informatiu Musical* oder dem englischsprachigen *Barcelona Metropolitan*, die in Informationsbüros und Hotels aufliegen. Hilfreich ist auch die Übersicht über Veranstaltungen, die jeden Freitag in der spanischen Tageszeitung *El País* sowie in der Lokalzeitung *La Vanguardia* erscheint.

MUSIK UND THEATER

Gran Teatre del Liceu
- U-Bahn: Liceu
- La Rambla 51
- Tel. 93 485 99 00
- Führungen täglich 10 Uhr

Das 1994 niedergebrannte große Opernhaus aus dem 19. Jh. konnte seine Türen im Jahre 2000 wieder öffnen. Es ist zu einer führenden Hightech-Bühne geworden, obwohl man im Konzertsaal selbst den ursprünglichen Stil beibehalten hat. Aufwändige Operninszenierungen und große Namen.

L'Auditori
- U-Bahn: Marina
- Lepant 150
- Tel. 93 247 93 00

Dies ist der Sitz des Symphonieorchesters von Barcelona und des katalanischen Nationalorchesters. Der riesige Konzertsaal hat eine wunderbare Akustik. Das Programm besteht meist aus zwei Teilen, um neben bekannter klassischer Musik moderne katalanische Komponisten präsentieren zu können.

Mercat de les Flors
- U-Bahn: Espanya/Poble Sec
- Plaça Margarida Xirgu, Carrer Lleida 59
- Tel. 93 426 18 75

Der ehemalige Blumenmarkt wurde zu einem Musik-, Tanz- und Theaterzentrum. Die drei Säle bilden das Herzstück der geplanten neuen Ciutat del Teatre (Theaterstadt), die auch das Teatre Lliure und das Institut del Teatre integrieren soll.

Palau de la Música Catalana
- U-Bahn: Urquinaona
- Carrer Sant Francesc de Paula 2
- Tel. 93 295 72 00

Unterhaltung

Domènech i Montaners herrliches Modernisme-Theater bildet einen unvergesslichen Rahmen für klassische Orchestermusik und Chorkonzerte mit dem Orfeó Catalá Chor, der den Bau des Gebäudes 1908 in Auftrag gab.

Palau Sant Jordi
- Bus 50
- Passeig Olímpic 57
- Tel. 93 426 20 89

Mega-Konzerte von Klassik bis Pop in einer Halle, die für die Olympischen Sommerspiele 1992 auf dem Montjuïc errichtet wurde.

Teatre Lliure
- U-Bahn: Fontana
- Carrer Montseny 47
- Tel. 93 218 92 51

Das Urgestein des katalanischen Theaters und damit nur für diejenigen, die Lust haben, sich auf die Sprache einzulassen. Zweiter, größerer Saal in der neuen Ciutat del Teatre im Mercat de les Flors.

Teatre Nacional de Catalunya
- U-Bahn: Glòries
- Plaça de les Arts 1
- Tel. 93 306 57 00

Großes Theater mit Theater-und Tanzproduktionen aus Katalonien, Spanien und dem übrigen Europa. Führungen Mi und Do.

BARS UND MUSIKKLUBS

Antilla BCN Latin Club
- U-Bahn: Hospital Clinic/Urgell
- Carrer Aragó 141
- Tel. 93 451 21 51

Für Salsa-Liebhaber. Hier spielen erstklassige karibische und lateinamerikanische Bands.

Bikini
- U-Bahn: Les Corts/Maria Cristina
- Carrer Deu I Mata 105
- Tel. 93 322 08 00/Auskünfte 93 322 00 05 (So, Mo geschlossen)

Aus der Barceloneser Musikszene nicht wegzudenken. Bunte Mischung aus lateinamerikanischer Livemusik bis Swing.

PLATZRESERVIERUNGEN

Karten können Sie direkt bei den Theatern bekommen oder über die Tel-entrada in allen Zweigstellen der Bank Caixa Catalunya. In der Touristeninformation an der Plaça Catalunya ist eine Tel-entrada-Filiale, wo man drei Stunden vor der Aufführung Karten zum halben Preis bekommen kann. Tel-entrada kann auch über die Hotline 902 10 12 12 oder im Internet unter www.telentrada.com erreicht werden. Ein weiteres Bankinstitut, die Servi-Caixa, verkauft Karten telefonisch (Nr. 902 33 22 11), am Schalter oder online (www.serviticket.es).

Unterhaltung

La Boîte
U-Bahn: Hospital Clinic; Bus 6, 7, 14, 15, 27, 32, 33, 34, 67, 68, N12
Avenida Diagonal 477
Tel. 93 419 59 50/Auskünfte 93 319 17 89 (Mo geschlossen)
Kellerklub der Spitzenklasse im Eixample. Hauptsächlich Jazz und Blues. Nach dem Livekonzert Diskothek bis 5.30 Uhr.

Café Royale
U-Bahn: Liceu/Drassanes
Carrer Nou de Zurbano 3
Tel. 93 317 61 24
Eine der besten Bars der neuen Designer-Generation. Schickes Dekor und erlesenes Publikum.

Café del Sol
U-Bahn: Fontana
Plaça del Sol 16
Tel. 93 415 56 63
Mo geschlossen
Angenehme Bar in Gràcia auf zwei Ebenen mit Tischen draußen auf dem Platz.

Club Apolo
U-Bahn: Paral.lel
Carrer Nou de la Rambla 113
Tel. 93 441 40 01
Schöner World-Music-Saal; regelmäßige Darbietungen aus Afrika, Lateinamerika und der Karibik.

Espai Barroc: Palau Dalmases
U-Bahn: Jaume I
Carrer Montcada 20
Tel. 93 310 0673
Diese in einem prachtvollen Barockpalais eingerichtete Bar ist ein Erlebnis für die Sinne. Hin und wieder auch Quartette oder Opernrezitals.

La Filharmònica
U-Bahn: Hospital Clinic
Carrer Mallorca 204
Tel. 93 451 11 53
Jazz, Country-Blues und Latinmusic in einem Pub englischen Stils.

Ginger
U-Bahn: Jaume I
Palma de Sant Just 1/Lledó 2
Tel. 93 310 53 09
Mo bis Sa 19–3 Uhr
Außergewöhnliche Tapas und gute Auswahl an Weinen und *cavas*. Angenehme Atmosphäre.

Harlem Jazz Club
U-Bahn: Jaume I
Carrer Comtessa de Sobradiel 8
Tel. 93 310 07 55
Jazz, Latin- und afrikanische Musik im mittelalterlichen Stadtzentrum.

Jamboree
U-Bahn: Liceu
Plaça Reial 17
Tel. 93 301 75 64

Unterhaltung

Ein buntes Durcheinander von Blumigem und Ornamentalem im Palau de la Música Catalana, Domènech i Montaners Modernisme-Theater.

Für Jazz-, Funk- und Bluesfans. Nach der Livemusik Diskothek.

London Bar
U-Bahn: Liceu
Carrer Nou de la Rambla 34
Tel. 93 318 52 61
Berühmte Nachtschwärmer-Kneipe unweit der Rambles, die sich seit den Zeiten von Picasso und Miró kaum verändert hat.

Luz de Gas
U-Bahn: Diagonal; Bus 6,7,15, 27, 30, 32, 33, 34, 58, N8
Carrer Muntaner 246
Tel. 93 209 77 11

Ein altes Theater bildet die Kulisse; das trendige Publikum kommt für Soul, Funk, Blues und Jazz hierher.

Marsella
U-Bahn: Liceu
Carrer Sant Pau 65
Tel. 93 442 72 63
Ein herrliches Relikt aus der Glanzzeit des Barrio Chino. Hier wird *absenta* (Absinth) serviert.

Mirablau
FGC-Bahn: Tibidabo, dann Tramvia Blau
Plaça Doctor Andreu
Tel. 93 418 58 79

Unterhaltung

Ein guter Halt auf dem Weg zum Tibidabo mit fantastischem Blick auf Barcelona. Dank seiner Terrasse im Sommer gut besucht.

Nick Havanna
- U-Bahn: Diagonal
- Carrer Rosselló 208
- Tel. 93 215 65 91

Ultra-trendige, design-bewusste Bar der 80er-Jahre, die eine Vorstellung von Barcelonas periodischen Anfällen stilistischer Exzesse gibt.

Salsitas
- U-Bahn: Liceu
- Carrer Nou de la Rambla 22
- Tel. 93 318 08 40

Trendige Bar/Restaurant, von dem eine Mode ausging. Das postmoderne Dekor und der »hauseigene« DJ wurden häufig kopiert, blieben jedoch unerreicht.

Schilling
- U-Bahn: Liceu/Jaume I
- Carrer Ferran 23
- Tel. 93 317 67 87

Hier trifft man sich gerne, bevor man abends ausgeht; bei Tag und bei Nacht drängen sich hier Einheimische und Touristen.

Soniquete
- U-Bahn: Liceu/Jaume I
- Pl. Milans 5
- Tel. 639 382 354

Authentischer Flamenco in dieser stimmungsvollen, quirligen Bar.

El Tablao de Carmen
- U-Bahn: Plaça d'Espanya
- Carrer Arcs 9, Poble Espanyol
- Tel. 93 325 68 95

Ein traditionelles Flamenco-*tablao* mit Live-Musik und -Tanz. Reservationen sind unerlässlich; man kann hier auch essen.

NACHTKLUBS

Barcelona ist eine Stadt für Nachtschwärmer – die Klubs öffnen nicht vor 1 Uhr, in den meisten herrscht bis 5 oder 6 Uhr früh Partystimmung. Die Preisskala für Getränke reicht von billig bis sehr teuer. Beachten Sie, dass Eintrittsgelder häufig einen freien Drink einschließen. Die Garderobe sollte schickleger sein.

Baja Beach Club
- U-Bahn: Ciutadella-Vila Olímpica
- Paseo Maritimo
- Tel. 93 225 91 00

»Heiße« Disko in Strandnähe, spärlich bekleidetes Personal. Das Publikum bilden vorwiegend ausgelassene Gruppen von Singles.

Cibeles
- U-Bahn: Diagonal
- Carrer Córsega 363
- Tel. 93 317 79 94

Unterhaltung

Die donnerstags und freitags in diesem charmanten alten Tanzsaal abgehaltenen Konzerte sind bekannt und beliebt.

City Hall
- U-Bahn: Catalunya
- Rambla de Catalunya 2–4
- Tel. 93 317 21 77
- So geschlossen

Der Klub ist freitags und samstags abends gut besucht. House music.

Moog
- U-Bahn: Liceu/Drassanes
- Carrer Arc del Teatre 3
- Tel. 93 319 17 89

Einer der heißesten Treffs der Stadt. Oben gibt es eine 1970er-Disko und unten eine Powerhouse-Techno-Tanzfläche.

Nitsa Club-Apolo
- U-Bahn: Paral.lel
- Carrer Nou de la Rambla 113
- Tel. 93 441 40 01

»Ewig junger« Klub in altem Tanzsaal. Am Wochenende geöffnet; unter der Woche Konzerte.

Otto Zutz
- FGC-Bahn: Gràcia
- Carrer Lincoln 15
- Tel. 93 238 07 22

Unübertroffen als In-Lokal. Die drei Etagen sind fest in der Hand von Barcelonas Nachtklubschickeria.

La Paloma
- U-Bahn: Sant Antoni
- Tigre 27
- Tel. 93 301 68 97

Sehr schöne Music-Hall alter Prägung. Hier spielt ein Latino-Orchester im Stil der Mambo Kings für ein Publikum ab dreißig. Von Donnerstag bis Samstag legen DJs spätnachts trendige Musik auf.

Paradís Reggae
- U-Bahn: Jaume I
- Carrer Paradís 4
- Tel. 93 310 72 43

Afro-Reggae-Klub für die Aficionados. Gelegentlich auch Live-Konzerte. Mo bis Mi geschlossen. Zwischen 20 und 24 Uhr kann man hier auch essen.

Torres de Avila
- U-Bahn: Espanya; Bus 13, 50
- Poble Espanyol,
- Avenida Marquès de Comillas
- Tel. 93 424 93 09

Klub im nachgebauten Stadttor des Poble Espanyol mit postmodernem Dekor. Sieben Bars auf verschiedenen Ebenen sind miteinander durch hängende Stahlkästen und einen Glasaufzug verbunden. Sommerterrasse mit Blick auf die Stadt. Das Lokal ist weniger ein Nachtklub als vielmehr ein Angriff auf die Sinne des Besuchers. (Mo bis Mi geschlossen.)

Wichtiges in Kürze

Autofahren
Eigentlich braucht man kein Auto in Barcelona – weite Teile der Altstadt sind Fußgängerzonen, Parken ist ein Problem, und es gibt ein ausgezeichnetes öffentliches Verkehrssystem. Falls Sie dennoch einen Wagen benutzen, ist es ratsam, ihn auf einem offiziellen Parkplatz abzustellen. Damit vermeiden Sie zum einen eine Buße, zum anderen, dass er aufgebrochen wird. Parkplätze von der SMASSA findet man an der Plaça dels Ángels in der Nähe der MACBA-Galerie und bei der Moll de la Fusta am Hafen. Abstellplätze von der SABA gibt es an der Plaça de Catalunya, Plaça Seu und Plaça Urquinaona. Ferner existiert noch der Metro-Park, ein Park- und-Ride-System an der Plaça de les Glòries. Dort kann man sein Auto abstellen und mit der Metro ins Zentrum fahren. In den Parkgebühren ist ein Tagesticket inbegriffen.

Hingegen ist ein eigener Wagen nützlich für Ausflüge in die Umgebung. Die Höchstgeschwindigkeit innerorts beträgt 50 km/h, auf Landstraßen gewöhnlich 90 km/h und auf Autobahnen 120 km/h. Wird man bei einer Geschwindigkeitsübertretung ertappt, ist die Buße an Ort und Stelle zu bezahlen.

Für den eigenen Wagen sollte man den Führerschein, den Fahrzeugschein, einen gültigen Versicherungsnachweis (erkundigen Sie sich vor der Abreise, ob der Versicherungsschutz in Spanien gültig ist) und *zwei* Warndreiecke dabei haben.

Kataloniens größter Automobilklub ist der Reial Automòbil Club de Catalunya (RACC), Tel. 902 10 61 06 für 24-Stunden Pannendienst, Tel. 902 30 73 07 für Auskünfte. Erkundigen Sie sich vor der Reise bei Ihrem Automobilklub, ob ein Abkommen mit dem RACC besteht und wenn ja, welchen Service Sie erwarten können.

Einfacher ist es, in Barcelona ein Auto zu mieten. Die großen Verleihfirmen haben Büros am Flughafen und in der Stadt. Ein Preisvergleich lohnt sich. Versuchen Sie auch örtliche Firmen, die oft günstigere Angebote haben. Für ein Mietauto benötigt man einen gültigen Fahrausweis und eine Kreditkarte als Kaution. Das Mindestalter ist 21 (oder 25).

An Tankstellen (*gasoliners*) gibt es die ganze Palette von bleifreiem Benzin (*sense plom*

Wichtiges in Kürze

auf Katalanisch, *sin plomo* auf Spanisch), Normal *(super)* und Diesel *(gas-oil)*.

Behinderte
Barcelonas öffentliche Verkehrsmittel, Museen und Galerien sind für Behinderte meist schwer zugänglich, aber diese Situation ändert sich allmählich. Das neue Museu d'Art Contemporani de Barcelona zum Beispiel wurde behindertengerecht gebaut. Stadtbusse, Flughafenbusse und viele Taxis können Fahrgäste in Rollstühlen transportieren. Die U-Bahn hingegen stellt weiterhin ein großes Hindernis dar.

Weitere Auskünfte über den Zugang von Museen oder Restaurants gibt das Institut Municipal de Persones amb Disminució, Tel. 93 413 27 75. Über Behindertentransporte informiert Tel. 93 486 07 52.

Einreise
Für die Einreise genügt ein gültiger Personalausweis bzw. eine Identitätskarte. (Schweizer können auch einen gültigen bzw. weniger als 5 Jahre abgelaufenen Pass vorweisen.)

Für Reisende über 17 Jahre aus EU-Ländern ist der Warenverkehr für Privatzwecke weitgehend zollfrei; es gibt nur gewisse obere Richtmengen. Für Nicht-EU-Bürger über 17 Jahre gelten bei der Einreise nach Spanien folgende Beschränkungen : 200 Zigaretten oder 50 Zigarren oder 100 Zigarillos oder 250 g Tabak, 1 Liter Spirituosen oder 2 Liter Wein, 50 g Parfüm und 250 ml Eau de Toilette.

Feiertage
An den folgenden Feiertagen sind Banken, Geschäfte und viele Restaurants, Galerien und Museen geschlossen:

1. Januar	Neujahr
6. Januar	Heilige Drei Könige
1. Mai	Tag der Arbeit
24. Juni	Johannistag
15. August	Mariä Himmelfahrt
11. September	Katalanischer Nationalfeiertag
24. September	Tag der Schutzpatronin der Stadt
12. Oktober	Spanischer Nationalfeiertag
1. November	Allerheiligen
6. Dezember	Tag der Verfassung
8. Dezember	Mariä Empfängnis
25./ 26. Dez.	Weihnachten

Bewegliche Feiertage: März/April: Karfreitag, Ostermontag; Mai/Juni: Pfingstmontag.

Flughafen
Der Flughafen, 12 km südlich von Barcelona in El Prat de

Wichtiges in Kürze

Llobregat, hat drei Terminals: Terminal A für ankommende Flüge von außerhalb der EU und Flüge nicht spanischer Fluggesellschaften. Terminal B für Flüge spanischer Fluggesellschaften und Ankünfte aus EU-Ländern. Terminal C dient hauptsächlich den Shuttle-Flügen Barcelona-Madrid. In den Terminals A und B befinden sich Wechselstuben, Geldautomaten, eine Touristeninformation, Zeitungsstände, Bars, Restaurants und ein Duty-Free-Shop.

Vor den Terminals hält der Aerobus, der die Passagiere 5.30–23 Uhr (an Wochenenden 6–22.45 Uhr) im 15-Minuten-Takt zur Plaça Catalunya im Stadtzentrum bringt. Die Fahrt dauert ca. 30–40 Minuten. Der Zug nach Barcelona-Sants hat den Vorteil, etwas billiger und schneller zu sein. Aber er fährt weniger häufig, und man muss von den Terminals einen kleinen Fußweg zurücklegen. Natürlich findet man vor den Terminals viele Taxis; die Preise sind allerdings 7- bis 10-mal höher als für die Bahn.

Allgemeine Flughafeninformation, Tel. 93 298 38 38.

Fundsachen

Wenn Sie etwas in den öffentlichen Verkehrsmitteln von Barcelona und den Vororten verloren haben, kontaktieren Sie das Städtische Fundbüro: Servei de Troballes im Ajuntament (Rathaus), Carrer Ciutat 9, Tel. 010, Mo bis Fr 9–14 Uhr.

Haben Sie etwas im Taxi liegen gelassen, versuchen Sie es beim Institut Metropolità del Taxi, Tel. 93 223 40 12. Für verlorene Gegenstände am Flughafen wenden Sie sich an den Hauptinformationsschalter (Tel. 93 298 38 38).

Geld

Währung: Zahlungseinheit ist der Euro (€), der in 100 Cents unterteilt ist. Münzen: 1, 2, 5, 20 und 50 Cents, 1 und 2 Euro; Scheine: 5, 10, 20, 50, 100, 200 und 500 Euro.

Banken: In der Regel Mo bis Fr 8.30–14 Uhr, außerhalb der Sommermonate auch Sa 8.30–13 Uhr. Banken im Flughafen (Terminal A und B) und im Bahnhof Barcelona-Sants haben längere Öffnungszeiten und sind auch an Wochenenden in Betrieb. Wechselstuben mit langen Öffnungszeiten (*cambio* oder *canvi*) findet man in der ganzen Stadt; die Kurse sind aber weniger günstig. Ein American Express Büro gibt es am Passeig da Grácia 101.

Bargeldautomaten: An den meisten ATM-Bargeldautomaten können Sie mit Ihrer Kreditkarte (Visa, MasterCard) und dem persönlichen Pin-Code Bargeld beziehen. Beachten Sie jedoch, dass viele Automaten

Wichtiges in Kürze

in der Altstadt nur bis 23 Uhr in Betrieb sind.

Kreditkarten werden von fast allen Hotels, Restaurants und Läden akzeptiert, ebenso Travellerschecks – für die Sie in Banken bei Vorweisung des Reisepasses auch Bargeld bekommen.

Gesundheit

EU-Bürger und Schweizer haben Anspruch auf kostenlose Notfallversorgung. Das nötige Formular E 111 kann vor Abreise bei der Krankenkasse angefordert werden. Bürger anderer Staaten sollten sich erkundigen, ob ein Abkommen zwischen ihrem Land und Spanien besteht. Sollte dies nicht der Fall sein, ist es ratsam, vor der Fahrt eine Reisekrankenversicherung abzuschließen.

Klima

Barcelona erfreut sich eines angenehmen Mittelmeerklimas. Spätfrühling, Frühsommer und Herbst sind herrlich warm mit vereinzelten Regenschauern. Sehr heiß und schwül wird es in der Regel im Juli und August mit Höchsttemperaturen bis 37 °C. Während viele Einheimische die Stadt zu dieser Zeit verlassen, suchen die Touristen einen Ort, an dem eine frische Brise weht. Der Winter hat oft klare und sonnige Tage, aber wegen der Nähe zu den Pyrenäen kann es manchmal recht kalt werden.

Notfälle

Allgemeine Nummer: 112
Ambulanz: 061
Feuerwehr: 080
Guàrdia Urbana (Polizei): 092
Die Polizeistation der Guàrdia Urbana, Turisme-Atenció, Rambles Nr. 43, Tel. 93 344 13 00, ist für Touristen bestimmt, die eine Anzeige erstatten wollen. Die Beamten sprechen Englisch und Französisch. Das Büro ist rund um die Uhr geöffnet.

Für dringende medizinische Hilfe wenden Sie sich an die Notaufnahme (Urgències) in einem Krankenhaus. Zentral gelegen sind: Centre d'Urgències Perecamps, Avda Drassanes 13–15, Tel. 93 441 06 00; Hospital Clinic, Carrer Villarroel 170, Tel. 93 227 54 00.

Für dringende Zahnbehandlungen wenden Sie sich an die Clinica Dental, Pg. de Gràcia 97, pral, Tel. 93 487 83 29.

Folgende Apotheken sind rund um die Uhr geöffnet: Farmàcia Clapés, La Rambla 98, Tel. 93 301 28 43; Farmàcia Cervera, Carrer Muntaner 254, Tel. 93 200 29 57.

Öffentliche Verkehrsmittel

Barcelona verfügt über ein erstklassiges Verkehrsnetz, bestehend aus den Bahnen der Ferrocarrils de la Generalitat de Catalunya (FGC), RENFE-Staatszügen, U-Bahnen und Bussen. Die beiden letzten gehören zu den städtischen Verkehrsbetrieben (TMB). Die U-Bahnen verkehren bis 23 oder 24 Uhr, freitags und samstags sogar bis 2 Uhr früh. Die FGC-Bahnen sind ca. 5–24 Uhr in Betrieb (am Wochenende länger). Busse verkehren täglich ca. 6–23 Uhr mit zusätzlich einem Nachtbus auf mehreren Routen, die von der Plaça de Catalunya ausgehen.

Weitere Informationen:
TMB   Tel. 93 318 70 74
FGC   Tel. 93 205 15 15
RENFE Tel. 90 224 02 02

Wenn Sie den Zug die Küste entlang nehmen möchten, ist eine Platzreservierung erforderlich.

Der Preis für eine einfache Fahrt in U-Bahn, FGC-Bahnen und Bussen beträgt €1,05*.

In jedem Fall ist es ratsam, den Kauf einer Mehrfachfahrkarte (*targeta*) in Erwägung zu ziehen, zumal viele Sehenswürdigkeiten weit vom Zentrum liegen und deshalb nur mit öffentlichen Verkehrsmitteln erreichbar sind. Die *targeta* bietet verschiedene interessante Ermäßigungen für die einfache Fahrt. Targeta T-10 ist ein Heft zu €5,80 mit 10 Fahrscheinen, gültig für U-Bahn, FGC-Bahn, RENFE-Züge im Stadtgebiet und Busse. Die einzelnen Fahrscheine sind übertragbar. Außerdem gibt es die Targeta T-50/30, die €24,30 kostet und 50 Fahrten innerhalb von 30 Tagen umfasst. Die Targeta T-Mes zu €37,65 erlaubt unbegrenzte Nutzung aller Verkehrsmittel, ist jedoch nicht übertragbar, und Sie brauchen dafür ein Passfoto.

Dann gibt es noch die Tageskarten. Die Targeta T-Dia zu €4,40, 1 Tag auf allen Transportmitteln gültig; die Targeta 2 Dies für 2 Tage zu €8,00; die Targeta 3 Dies zu €11,30 für 3 Tage, die Targeta 4 Dies (4 Tage) zu €14,50 und die Targeta 5 Dies zu €17,30 (5 Tage).

Post und Telefon
Postämter: Öffnungszeiten Mo bis Fr 8.30–14 oder 14.30 Uhr. Die Hauptpost an der Plaça d'Antoni López am Port Vell hat längere Öffnungszeiten: Mo bis Fr 8–22 Uhr und Sa 8–20 Uhr für den Verkauf von Briefmarken und Schreibwaren sowie für Faxe und postlagernde Sendungen. Briefmarken bekommt man auch in fast allen *estancos* (Tabakläden).

Telefon: Die internationale Vorwahl für Spanien ist 34; die Rufnummern von Barcelona sind neunstellig und beginnen alle mit 93.

*Preise April 2003.

Wichtiges in Kürze

Für Ferngespräche ins Ausland wählt man 00 + Landesvorwahl (Deutschland 49, Österreich 43, Schweiz 41) + Ortsvorwahl + Rufnummer.

Ferngespräche können von öffentlichen Kabinen aus getätigt werden oder von *locutorios* (Telefonzentralen), die in der ganzen Stadt verstreut liegen. Beides ist billiger als die Benutzung des Hoteltelefons. Es gibt wenig Münz- und viele Kartentelefone. Karten kann man in den Postämtern und an Zeitungsständen zu €6 und €12 bekommen. Niedertarifzeiten sind wochentags von 20–8 Uhr und das Wochenende.

Telefonauskunft:
National 11818
International 11825

Sicherheit

Barcelona ist immer noch eine ziemlich sichere Stadt für Reisende, obwohl Taschendiebstähle und Taschenraub in den überlaufenen touristischen Zonen wie den Rambles oder dem Barri Gòtic zunehmen. In jedem Fall ist es vernünftig, einige Sicherheitsvorkehrungen zu treffen. Nehmen Sie zusätzlich zur Kreditkarte nur so viel Bargeld mit, wie Sie für einen Tag brauchen. Tragen Sie Brieftaschen, Kameras und andere Wertsachen nah am Körper, und seien Sie vor allem in großen Menschenmengen auf der Hut. Wenn es möglich ist, hinterlegen Sie Flugtickets, Travellerschecks und große Summen Bargeld im Hotelsafe.

Sprache

Außer Katalanisch sprechen die meisten Barcelonesen auch Spanisch (*castellano*). Katalanisch ist kein Dialekt, sondern eine eigenständige aus dem Latein entstandene romanische Sprache, nahe verwandt mit dem Provenzalisch von Südfrankreich. In den größeren Hotels, Geschäften und Restaurants kann man auch Englisch oder Französisch. Hier ein paar Worte:

Hallo	Hola!
Guten Tag	Bon dia
Auf Wiedersehen	Adéu
Sprechen Sie Deutsch?	Parlen vostés alemany?
Ja/Nein	Sí/No
Bitte	Si us plau
Danke	Gràcies
Wo ist…?	On és…?
Wie viel kostet das?	Quant és?
Offen	Obert
Geschlossen	Tancat

Taxis

Die schwarzgelben Taxis im Stadtgebiet sind recht günstig, besonders für zwei oder mehrere Personen. Die Tarife sind außerhalb der normalen Arbeitszeiten etwas höher, für

Gepäck und Fahrten zum Flughafen wird ein Zuschlag berechnet. Taxistände findet man über die Stadt verteilt an den meisten großen Plätzen und Bahnhöfen, man kann sie auch direkt mit einem Handzeichen in der Straße anhalten, vorausgesetzt das grüne Lämpchen auf dem Dach leuchtet und ein Schild an der Windschutzscheibe zeigt *lliure/libre* – »frei«. Allgemeine Auskunft erteilt die Telefonnummer 010.

Verlässliche Unternehmen sind: Barnataxis, Tel. 93 357 77 55, oder Servitaxi, Tel. 93 411 22 22.

Toiletten

Öffentliche Toiletten sind in Barcelona eher Mangelware (und wenn man zufällig an einer vorbeikommt, dann gibt es wahrscheinlich kein Papier). Zum Glück drücken Bar- und Cafébesitzer schon mal ein Auge zu, und Sie dürfen die Toiletten auch ohne Konsumation benutzen. Ansonsten ist es ratsam, die Toiletten beim Besuch von Museen, Galerien und Restaurants aufzusuchen, zumal diese meist blitzsauber sind.

Touristeninformation

Die Haupttouristeninformation, Turisme de Barcelona, befindet sich an der Plaça de Catalunya und ist täglich 9–21 Uhr geöffnet, Tel. 93 304 32 32. Hier gibt es Stadtpläne, Informationsmaterial, Souvenirs, und man kann auch Geld wechseln. Die Zweigstelle im Bahnhof Barcelona-Sants ist im Sommer 8–20 Uhr geöffnet, im Winter gelten kürzere Zeiten.

Die katalanische Regierung betreibt auch eine Touristeninformation für ganz Katalonien. Das Hauptbüro befindet sich im Palau Robert, Passeig de Gràcia 107, Tel. 93 238 40 00; geöffnet Mo bis Sa 10–19 Uhr, So 10–14 Uhr. Zweigstellen sind in den Terminals A und B am Flughafen zu finden.

Auskünfte über Sehenswürdigkeiten, Museen, Anlässe und anderes mehr erhalten Sie beim städtischen Informationsdienst des Rathauses, Tel. 010.

Trinkgeld

Normalerweise ist die Bedienung in der Restaurantrechnung inbegriffen, sodass ein Trinkgeld nicht notwendig ist. Doch es ist Brauch, einen Obolus von bis zu 5% der Summe zu hinterlassen, wenn man mit dem Service besonders zufrieden war.

Taxifahrer erhalten 5% des Fahrpreises, und in Bars und Cafés lässt man wie einig Kleingeld zurück. Auch Gepäckträger und Toilettenpersonal werden mit einem kleinen Trinkgeld bedacht.

Register

Ajuntament de Barcelona 22
Alt Penedès 54–56
Anella Olímpica 37
Aquarium 33
Auditori 66
Autofahren 72
Banken 74
Barcelona Card 38
Barceloneta 34
Bars 67–70
Behinderte 73
Bodegues Torres 56
Caelum 17
CaixaForum 38
Call 23
Carrer de Montcada 25
Casa Amatller 43
– Battlò 43
– Bruno Quadras 15
– de l'Ardiaca 19
– Lleó Morera 43
– Milà 43–44
– Museu Gaudí 47
Castell de Montjuïc 35
Catedral La Seu 17–19
Caves Cordoníu 56
Centre de Cultura Contemporánia de Barcelona (CCCB) 29
Centre de Modernisme 43
Col.lecció Thyssen-Bornemisza 50
Colònia Güell 50
Einkaufen 28
Einreise 73
El Corte Inglés 41
El Triangle 41
Església de la Mercè 25
Espai Gaudí 44
Estadi Olímpic 37
FAD 29–30
Feiertage 73
Figueres 51–53
Flughafen 73–74
Font de Canaletes 14
Font Màgica 38
Fundació Antoni Tàpies 43
Fundació Joan Miró 35–36
Fundsachen 74
Geld 74–75
Gesundheit 75
Girona 51
Gràcia 46
Gran Teatre del Liceu 66
Hospital Santa Creu i Sant Pau 46
IMAX 33
Klima 75
Klubs 67–71
Kolumbussäule 16
La Mercè 23–25
La Pedrera 43–44
La Ribera 25
Manzana de la Discòrdia 42–43
Mercat de la Boqueria 15–16
– de les Flors 66
Mirador del Rei Martí 21
Monestir de Pedralbes 49–50
Montserrat 53–54
Museu
– d'Arqueologia 36–37
– d'Art Contemporani de Barcelona (MACBA) 29
– d'Art Modern de Catalunya 28
– de les Arts Decoratives 48
– Barbier-Mueller d'Art Precolombí 26
– de Cera 16
– de Ceràmica 48
– Diocesà 19–20
– de l'Eròtica 16
– Etnològic 36
– FC Barcelona 47
– Frederic Marès 20
– de Geologia 27
d'Història de Catalunya 33–34

Register

- d'Història de la Ciutat 21
- Marítim 30
- Militar 35
- Nacional Art d'Catalunya 37
- Picasso 25–26
- Tèxtil i d'Indumentària 26
- de la Xocolata 26
- de Zoologia 27

Notfälle 75
Öffentliche Verkehrsmittel 75–76
Palau de la Generalitat 22
- Güell 30
- de la Música Catalana 66–67
- Reial 21
- Sant Jordi 67
- de la Virreina 15

Parc de la Ciutadella 27
- Güell 46–47

Passeig de Gràcia 41–42
Pavelló Mies van der Rohe 38–39
Pis de la Pedrera 44
Plaça de Catalunya 41
- Duc de Médiniceli 25
- Reial 16
Poble Espanyol 39

Port Aventura 57
Port Olímpic 34
Port Vell 33
Rambles 14–15
Sicherheit 77
Sagrada Família, Temple Expiatori de la 44
Sant Pau del Camp 30
Sant Sadurní d'Anoia 56
Santa Maria del Mar 26–27
Santa Maria del Pi 17
Sant Just i Pastor 23
Sardana 18
Sitges 56
Sprache 77
Tarragona 56–57
Taxis 77–78
Teatre Lliure 67
- Nacional de Catalunya 67
- Poliorama 14
Telefon 76–77
Temple d'Augustus 22
Tibidabo 49
Torre de Collserola 49
Vila Olímpica 34
Vilafranca del Penedès 54
Vinçon 42
Zoll 73

DEUTSCHE FASSUNG
Karin Klappert
REDAKTION
Jacqueline Forster-Zigerli
Marianne Luka-Großenbacher
GESTALTUNG
André Misteli
FOTOS
Ingrid Morató, Umschlag (hinten), S. 4, 9, 19, 31, 32, 36, 69;
Hémisphères/Borredon, Umschlag (vorne);
Hémisphères/Gardel, S. 7, 10, 24, 40, 48;
Hémisphères/Rieger, S. 15;
Hémisphères/Felix, S. 39;
Reporters/Gabriel S. 62;
J-P Minder, S. 1, 45
KARTOGRAFIE
Kartographie Huber;
Elsner & Schichor;
JPM Publications

Copyright © 2003, 2001
by JPM Publications S.A.
12, avenue William-Fraisse,
1006 Lausanne, Switzerland
information@jpmguides.com
http://www.jpmguides.com/

Alle Rechte vorbehalten, insbesondere das Recht der Vervielfältigung und Verbreitung sowie der Übersetzung. Ohne schriftliche Genehmigung des Verlags ist es nicht gestattet, den Inhalt dieses Werkes oder Teile daraus auf elektronischem oder mechanischem Wege (Fotokopie, Mikrofilm, Ton- und Bildaufzeichnung, Speicherung auf Datenträger oder andere Verfahren) zu reproduzieren, zu vervielfältigen oder zu verbreiten. Alle Informationen sind sorgfältig überprüft worden, erfolgen aber ohne Gewähr. Der Verlag und sein Kunde übernehmen keinerlei Haftung für allfällige Fehler. Für Berichtigungen, Hinweise und Ergänzungen ist die Redaktion dankbar.

Printed in Switzerland
Weber/Bienne (CTP) — 03/04/01
Ausgabe 2003–2004